Zum Gewinnen geboren

Das Buch

Jeder Mensch besitzt die Kraft, selbst die schwierigsten Probleme zu lösen. Wichtig ist vor allem der Glaube an diese Kraft. Norman Vincent Peale hat ein einfaches Rezept entwickelt, mit dem schon Millionen von Menschen ihr Glück fanden: Fassen Sie Ihre Ziele klar ins Auge, und verwirklichen Sie sie mit den Möglichkeiten des positiven Denkens! Zahlreiche Beispiele in diesem Buch zeigen Ihnen, wie leicht das ist.

Der Autor

Norman Vincent Peale wurde 1898 als Sohn einer methodistischen Pfarrersfamilie in Ohio geboren. Er studierte Theologie in Boston und empfing 1922 die Priesterweihe. 1930 heiratete er und war von 1932 bis zu seinem Tod Pfarrer der reformierten Marble Collegiate Church in New York, einer der ältesten Kirchen Amerikas. Seit den 40er Jahren verfaßte er zahlreiche Bücher, die zu Weltbestsellern wurden. Norman Vincent Peale starb am Heiligabend des Jahres 1993 in New York an Herzversagen.

Norman Vincent Peale

Zum Gewinnen geboren

Die Kraft positiver Gedanken

Aus dem Amerikanischen von
Alfred H. Wettstein

Illustriert von
Annemie Lieder-Vetter

Econ Taschenbuch Verlag

Econ Taschenbuch Verlag 2000
Der Econ Taschenbuch Verlag ist ein Unternehmen der
Econ Ullstein List Verlag GmbH & Co. KG, München

Titel der amerikanischen Originalausgabe: The Plus Factor in Positive Thinking
(K. S. Giniger Company, New York)
Übersetzung: Alfred H. Wettstein
Umschlagkonzept: Büro Meyer & Schmidt, München – Jorge Schmidt
Umschlaggestaltung: DYADEsign, Düsseldorf
Titelabbildung: Zefa, Düsseldorf
Innenabbildungen: Annemie Lieder-Vetter
Druck und Bindearbeiten: Ebner Ulm
Printed in Germany
ISBN 3-612-26690-X

Inhalt

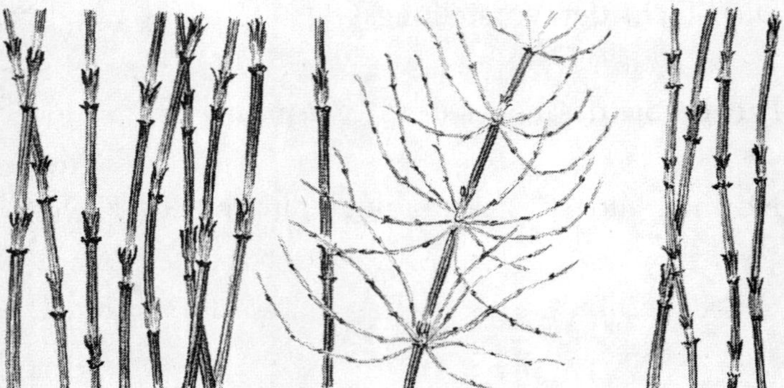

Begründe dein Glück!

Wer entscheidet über dein eigenes Glück oder Unglück? Die Antwort heißt: du selbst!
Ein berühmter Radiokommentator hatte anläßlich eines bunten Programms einen alten Mann zu einem Interview eingeladen. Das Gespräch war vollkommen improvisiert, doch die Antworten des Greises waren so witzig, naiv und unkompliziert, daß jedermann seine helle Freude daran hatte. Schließlich fragte der Kommentator den Alten, *warum* er so glücklich und zufrieden sei. »Sie müssen ein wunderbares Geheimnis dafür besitzen«, fügte er bei.
»Nein«, sagte der alte Mann, »ich habe kein Geheimnis. Die Sache ist so natürlich wie die Nase in Ihrem Gesicht. Wenn ich am Morgen aufstehe«, erklärte er, »habe ich die Wahl zwischen Glücklichsein und Unzufriedenheit. Und was glauben Sie, wähle ich? *Ich wähle das Glück – das ist alles!*«

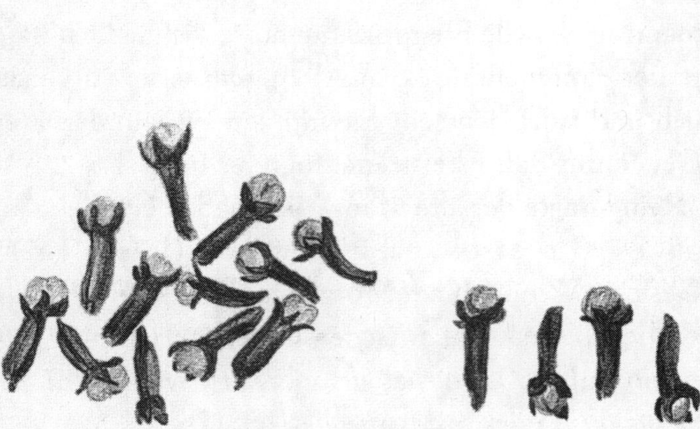

Das scheint vielleicht eine oberflächliche und übertriebene Vereinfachung zu sein, doch ich möchte an Abraham Lincoln erinnern, dem sicher niemand Oberflächlichkeit vorwerfen kann. Er sagte, die Menschen seien gerade so glücklich, wie sie es sich wünschten. Wir können unglücklich sein, wenn wir es *wollen*, nichts leichter als das! Wir brauchen das Unglück nur zu wählen und uns einzureden, alles stehe schlecht – und wir werden bestimmt Unglück und Unzufriedenheit ernten. Sagen wir uns aber: »Die Dinge stehen gut; das Leben entwickelt sich glücklich – *ich wähle das Glück*« –, dann können wir sicher sein, daß unser Dasein sich besser und glücklicher gestaltet.

Kinder wissen vom Lebensglück mehr als Erwachsene. Wer es versteht, auch in späteren Jahren kindliche Glückseligkeit in sich zu tragen, ist mit einer großen Gnade beschenkt, denn er wird den wahren, glückhaften Geist in sich tragen, den Gott der Jugend verliehen hat. Jesus gibt uns den Rat, im Leben ein kindliches Herz und Gemüt zu bewahren. Mit anderen Worten: Wir dürfen im Geist nie schal, abgehetzt, alt und müde oder superklug und eingebildet werden.

Meine kleine Tochter Elisabeth zählt neun Jahre und

weiß, was Glück bedeutet. Als ich sie eines Tages fragte: »Bist du glücklich, Liebling?«, sagte sie: »Natürlich bin ich glücklich!«

»Fühlst du dich immer glücklich?« fragte ich weiter.

»Ja, immer.«

»Was macht dich denn so glücklich?«

»Wieso? – Das weiß ich nicht. Ich bin einfach glücklich.«

»Aber irgend etwas muß dich doch glücklich machen«, forschte ich weiter.

»Hm«, sagte sie, »– meine Freundinnen machen mich glücklich. Ich habe sie gern. Auch meine Schule macht mich glücklich. Ich gehe gern zur Schule. Ich habe auch meine Lehrer gern, und ich gehe gern zur Kirche und in die Sonntagsschule. Ich liebe meine Schwester Margareth und meinen Bruder John. Ich liebe dich und Mama, weil ihr mich gut umsorgt, wenn ich krank bin, und weil ihr lieb zu mir seid.«

Das ist Elisabeths Geheimnis des Glücklichseins, und ich glaube, es enthält alles, was wir Erwachsenen auch besitzen: ihre Kameraden (unsere Mitarbeiter und Freunde), ihre Schule (der Platz, wo wir arbeiten), ihre Schwester, ihr Bruder, Vater und Mutter

(der Kreis unserer Lieben). Hier haben wir das Glück in einer Nußschale eingefangen.
Eine Gruppe Kinder wurde befragt, was sie am glücklichsten mache. Ihre Antworten waren ergreifend. Von den Buben wurden genannt: ein fliegender Vogel; wenn ich in tiefes, klares Wasser blicke; wenn sich das Wasser am Bug eines Schiffes teilt; ein rasender Schnellzug; ein Kran, der etwas Schweres hebt; die Augen meines Hundes. Von den Mädchen wurden die folgenden Dinge aufgezählt: das Licht der Straßenlampen, das sich im Fluß spiegelt; rote Dächer im Grün der Bäume; Rauch, der aus einem Kamin aufsteigt; roter Samt; der Mond in den Wolken.
In diesen Antworten liegt etwas von den unvergänglichen Schönheiten des Universums, auch wenn es »nur« gefühlsmäßig empfunden ist. Um wahres Glück zu empfinden, bedürfen wir eines reinen Herzens und eines Augenpaares, das Romantik und Schönheit auch im Alltag zu erkennen vermag; kurz: des Empfindens eines Kindes.
Viele von uns schmieden ihr eigenes Unglück. Natürlich ist nicht jedes Unglück unsere eigene Schuld. Es gibt nicht wenige soziale Mißstände, die für viele Sorgen der Menschheit verantwortlich sind. Doch es

ist eine unumstößliche Tatsache, daß wir durch unsere Gedanken und Gewohnheiten die Bausteine schaffen, die entweder an unserem Glück oder an unserem Unglück bauen.

Ein bekannter Psychologe erklärt: »Vier von fünf Menschen sind nicht so glücklich, wie sie sein könnten«, und er fügt bei: »Unzufriedenheit ist der meistverbreitete Geisteszustand.«

Ich weiß nicht, ob die menschliche Unzufriedenheit einen so breiten Platz einnimmt, doch ich weiß, daß unzählige Menschen unglücklich sind. Da aber der Mensch von einem fundamentalen und natürlichen Bestreben erfüllt ist, jenen Gemütszustand zu erreichen, den wir als *glücklich* bezeichnen, sollte etwas Ernsthaftes getan werden, diesen Zustand zu erreichen. Glück ist erreichbar, und der Weg dazu ist jedem offen.

Im Speisewagen saß ich einmal einem unbekannten Ehepaar gegenüber. Die Frau war sehr gut gekleidet: wertvolle Pelze, kostbarer Schmuck und teure Kleider. Doch sie schien keineswegs zufrieden zu sein. Über alles und jedes beklagte sie sich: über das Rütteln des Wagens, die Zugluft, das Essen, die Bedienung – es gab nichts, was sie nicht zu einer unduldsamen Bemerkung veranlaßt hätte.

Ihr Gatte hingegen machte den Eindruck eines ausgeglichenen, weisen Lebenskünstlers, der das Leben so nahm, wie es kam, und damit fertig wurde. Trotzdem hatte ich den Eindruck, er sei ein wenig enttäuscht über das Gehabe seiner Frau, mit der er sich, wie ich aus dem Gespräch schloß, auf einer Erholungsreise befand.

Wahrscheinlich um das Gespräch in andere Bahnen zu lenken, fragte er mich nach meiner Tätigkeit. Er selbst stellte sich als Rechtsanwalt vor – und dann beging er einen großen Fehler, denn er fügte mit einem ironischen Lächeln bei: »Meine Frau ist in der Produktion beschäftigt.«

Dies erstaunte mich, denn sie war nicht der Typ der berufstätigen Frau, und ich fragte: »Was produziert sie?«

»Unglück«, sagte er, *»sie produziert ihr eigenes Unglück.«*

Trotz der eisigen Stille, die sich an unserem Tisch ausbreitete, verstand ich seine taktlose Bemerkung, denn sie beschreibt treffend das, was viele Menschen tun: sie produzieren ihr eigenes Unglück!

möge mir eine Idee geben, Ihnen eine kleine Freude zu machen. – Fühlen Sie sich nicht wohl?« fragte er dann.
»Nein«, sagte sie, »ich leide unaufhörlich unter Schmerzen. Sie verlassen mich nie, und manchmal fürchte ich, es nicht mehr aushalten zu können. Können Sie sich überhaupt vorstellen, was es heißt, *ständig Schmerzen zu leiden?*«
Ralston hatte eine Antwort: »Ja«, sagte er, »das kann ich. Ich verlor einst ein Auge – und das brennt wie glühendes Eisen, Tag und Nacht.«
»Aber«, sagte sie überrascht. »Sie scheinen trotzdem glücklich zu sein. Wie bringen Sie das fertig?«
Ralston hatte die Dame nun an ihren Platz im Zug geführt, als er sagte: »Durch Gebete, nur durch Gebete.«
Etwas ungläubig fragte sie: »Können Gebete, *nur Gebete*, Schmerzen zum Verschwinden bringen?«
»Nun«, sagte Ralston, »nicht immer, nein, eigentlich nicht, aber ich kann sagen, daß sie mir immer helfen, darüber hinwegzukommen – jedenfalls tut es dann nicht mehr so weh. Beten Sie auch, Madam, und ich werde auch für Sie beten.«
Ihre Tränen waren versiegt, und sie blickte ihn liebe-

Es ist traurig genug, denn das Leben stellt uns vor so viele Probleme, die unser Glück gefährden, daß wir nicht noch durch unsere Denk- und Handlungsweise neues Unglück produzieren sollten. Wie unsinnig ist es doch, eigenes Unglück zu produzieren, wo wir doch bereits genug mit *den* Dingen zu schaffen haben, die sich unserer Kontrolle entziehen.

Im Gegensatz zu den vielen Menschen, die sich darauf spezialisiert haben, ihr eigenes Unglück zu fabrizieren, wollen wir diesem unseligen Produktionsgeschäft ein Ende setzen! Prägen wir uns immer wieder ein, daß wir durch unglückliche Gedanken das Unglück herbeirufen, so zum Beispiel durch die üble Gewohnheit, unerfreuliche Entwicklungen zu erwarten und zu befürchten, oder auch, indem wir uns einreden, andere Menschen würden stets erhalten, was sie nicht verdienten, während uns vorenthalten bliebe, was wir verdient hätten.

Unglück wird außerdem produziert durch alle Gefühle des Ressentiments, auch wenn wir sie tief in unserem Unterbewußtsein vergraben haben. Auch alle Angst und jede Sorge von unbestimmten, kommenden Dingen produzieren Unglück. Mit diesen Faktoren werden wir uns noch eingehender befassen.

Hier sei lediglich mit allem Nachdruck betont, daß ein großer Teil der Unzufriedenheit und des Unglücks Erwachsener *selbst verschuldet ist, weil es dem eigenen Denken entspringt.* Wie aber gelingt es uns, an die Stelle von Fehlleistung das Gelingen zu setzen?

Ein Zwischenfall auf einer Reise möge dies illustrieren. Nach einer Nacht, die wir im Zug durchgefahren waren, befanden sich im Waschraum des Schlafwagens ungefähr ein halbes Dutzend Männer, die sich rasierten. Die Stimmung nach einer nicht besonders bequem verbrachten Nacht, im Gedränge des winzigen Waschraums, war nicht sehr fröhlich. Die Männer waren mürrisch, und es wurde kaum etwas gesprochen. Dann kam ein Mann in den Waschraum, der auf seinem Gesicht ein offenes, fröhliches Lächeln zeigte. Er begrüßte uns alle mit einem freundlichen »Guten Morgen«, erhielt aber als Antwort nur mürrisches Grunzen. Als er sich rasierte, summte er – wahrscheinlich ganz unbewußt – eine fröhliche Melodie vor sich hin. Dies schien einigen der Anwesenden auf die Nerven zu gehen, und schließlich brummte einer ärgerlich: »Sie scheinen ja heute morgen besonders gut gelaunt zu sein!«

»Gewiß«, sagte der andere prompt, »es ist wahr: Ich

bin gut gelaunt, und ich fühle mich sehr wohl dabei.« Und nach einer kleinen Pause fügte er bei: »Ich mache mir eine Gewohnheit daraus, gut gelaunt zu sein.«

Das war alles, was er sagte, aber ich bin überzeugt, daß sich jeder von uns anderen über die Worte »Ich mache es mir zur Gewohnheit, gut gelaunt zu sein« seine Gedanken machte.

Diese Feststellung hat Hand und Fuß, denn unser Glück hängt sehr davon ab, welche Gewohnheiten wir uns zu eigen machen. »Der Gebeugte hat lauter böse Tage, der Wohlgemute hat allezeit Fest.« (Sprüche 15,15) Darum bedeutet die Pflege eines »glücklichen Herzens« ein »allezeit Fest«, was nichts anderes heißt, als daß wir uns jeden Tag unseres Lebens erfreuen sollen und können. Aus der Pflege glücklicher Gedanken und Gewohnheiten entsteht auch ein glückhaftes Leben. Glückliche Gewohnheiten entspringen einem befreiten und glücklichen Denken. Machen wir uns eine Erinnerungsliste glückbringender Gedanken, und werfen wir täglich mehrmals einen Blick darauf. Wenn unzufriedene und düstere Gedanken Einlaß begehren, müssen wir sie augenblicklich und mit Entschiedenheit abweisen und –

das ist wichtig – durch einen guten, glücklichen und zufriedenen Gedanken *ersetzen*. Jeden Morgen, bevor wir uns erheben, sollten wir uns einen Augenblick vollkommen entspannen und unser Bewußtsein mit guten, glückbringenden Gedanken erfüllen. Denken wir an gute, glückhafte Erfahrungen, beruhigende und zukunftsgläubige Bilder, stellen wir uns *das* vor, was wir an diesem kommenden Tag erreichen wollen – solche Gedanken helfen mit, die Ereignisse in gute Bahnen zu lenken. Dadurch werden große und kleine Faktoren, die bei der Verwirklichung unserer Ziele – sofern sie gut sind – mithelfen können, angezogen, während andere, widrige und negative Faktoren abgestoßen werden. Denken wir darum nie an die Möglichkeit, die Dinge könnten sich schlecht entwickeln; dadurch werden negative Möglichkeiten herbeigerufen, und als Ergebnis werden wir uns fragen: »Warum habe ich wieder Pech gehabt heute? Was ist eigentlich mit mir los?«

Der Hauptgrund für einen »schlechten Tag« kann in direktem Zusammenhang mit den Gedanken stehen, mit denen wir den Tag begonnen haben. Versuche, schon morgen den folgenden Plan auszuführen: Wenn du erwacht bist, sage dreimal laut: »Dies ist der Tag, den der Herr gemacht hat; laßt uns frohlocken und seiner uns freuen!« (Psalm 118,24) Wende diesen Satz persönlich an und sage: »Ich will mich freuen und fröhlich sein!« Wiederhole den Satz mit klarer Stimme und mit innerer Überzeugung. Wenn du diesen Satz vor dem Frühstück dreimal wiederholst und über seinen tiefen Sinn meditierst, wirst du den Tag dadurch maßgebend beeinflussen.

Beim Ankleiden, Rasieren und beim Waschen sage dir einige Sätze wie die folgenden: »Ich glaube, daß dies ein glückbringender Tag ist. Ich glaube, daß es mir gelingen wird, alle Probleme, die heute auftauchen werden, erfolgreich zu meistern. Ich fühle mich körperlich und geistig wohl. Ich bin gut gelaunt. Es ist schön zu leben. Ich bin dankbar für alles, was ich habe, und für alles, was ich haben werde. Gott wird mich nicht verlassen. Er ist immer mit mir. Er wird mir helfen. Ich danke Gott für alles, was er mir gab und geben wird.« Ich kannte einst einen Unglücksraben, der jeden Morgen beim Frühstück zu seiner Frau sagte: »Schon wieder einer dieser miserablen Tage.« Er meinte es eigentlich nicht so, doch irgendwie war er abergläubisch. Wahrscheinlich dachte er, wenn er den kommenden Tag als »miserabel« ankündige, werde er gar nicht so übel ausfallen. Doch mit der Zeit entwickelten sich die Dinge wirklich »miserabel«. Und das war nicht verwunderlich! Wenn wir uns *schlechte* Entwicklungen vorstellen, schaffen wir auch die Bedingungen, die sie verwirklichen. Wenn wir zu Beginn des Tages *gute* Entwicklungen ins Auge fassen, werden wir erstaunt sein, wie oft sie sich realisieren.

Die Konzentration auf gute und glückliche Gedanken ist von größter Wichtigkeit, doch sie kann nur Früchte tragen, wenn wir auch während des ganzen Tages unsere *Handlungen* den fundamentalen Grundsätzen eines glücklichen Lebens unterstellen. Liebe und freudige Einsatzbereitschaft gehören zu den größten und wichtigsten Gaben Gottes. Es ist erstaunlich, was Liebe und tiefe Teilnahme erwirken können.

Mein Freund Dr. Samuel Shoemaker schrieb einst eine ergreifende Geschichte über Ralston Young, der bekannt war als »Dienstmann Nummer 42« in der Grand Central Station in New York. Ralston verdient sein Leben mit Koffertragen, doch seine wahre, höhere Aufgabe besteht in der praktischen Anwendung christlichen Geistes. Wenn er jemandem den

Koffer trägt, versucht er gleichzeitig, etwas christliche Nächstenliebe mit ihm zu teilen. Er beobachtet die Menschen, um festzustellen, ob er ihnen auf irgendeine Art Mut und Hoffnung machen könne, und er hat sich darin eine große Geschicklichkeit erworben.

Eines Tages erhielt er den Auftrag, eine ältere Dame zum Zug zu bringen. Sie saß in einem Rollstuhl, und er brachte sie zum Bahnsteig. Plötzlich bemerkte er Tränen in ihren Augen. Den Stuhl schiebend, bat er Gott, er möge ihm helfen, die alte Frau etwas aufzuheitern und ihr Mut zu machen. Sie weiterschiebend, sagte er dann mit einem freundlichen Lächeln: »Seien Sie mir nicht böse – aber ich muß sagen: Sie tragen einen außerordentlich hübschen Hut!«

Die alte Frau blickte ihn erstaunt an und sagte wehmütig lächelnd: »Danke schön.«

Ralston fügte bei: »Und auch Ihr Kleid gefällt mir sehr gut.«

Diese Komplimente, so einfach sie auch waren, erregten doch die Aufmerksamkeit der alten Frau, und sie sagte: »Warum sagen Sie mir so nette Dinge? Das ist sehr liebenswürdig von Ihnen!«

»Nun«, sagte Ralston, »mir schien, Sie seien unglücklich, und ich sah Ihre Tränen. So bat ich Gott, er voll an, nahm seine Hand und sagte: »Sie haben so viel für mich getan.«

Ein Jahr verging, und eines Abends wurde Ralston ins Informationsbüro der Station gerufen. Dort begrüßte ihn eine junge Dame mit den Worten: »Ich bringe Ihnen eine Nachricht von einer Toten. Bevor meine Mutter starb, bat sie mich, Sie aufzusuchen, um Ihnen zu sagen, wie sehr Sie ihr damals geholfen hätten, als sie von Ihnen im Rollstuhl zur Bahn gebracht wurde. Sie wird immer an Sie denken, auch in der Ewigkeit.« Dann brach die junge Frau in Tränen aus und schluchzte in ihr Taschentuch.

Ralston stand ruhig dabei und sagte: »Weinen Sie nicht, Miss, Sie sollten nicht weinen. Danken Sie lieber Gott in einem Gebet.«

Die junge Frau fragte erstaunt: »Warum sollte ich Gott *danken*?«

»Viele Menschen«, sagte Ralston, »werden in viel jüngeren Jahren Waisen als Sie. Sie hatten Ihre Mutter während einer sehr langen Zeit – und Sie haben sie jetzt noch. Sie wird Ihnen immer nahe bleiben – vielleicht ist sie jetzt gerade mit uns, da wir von ihr sprechen.«

Die junge Frau hörte auf zu weinen. Ralstons Verständnis und Teilnahme hatten auf die Tochter dieselbe Wirkung wie auf die Mutter. Inmitten des lärmigen Bahnhofs standen zwei Menschen, denen die Kraft eines Höheren bewußt wurde, die Kraft Gottes, der den prachtvollen »Dienstmann Nummer 42« dazu ausersehen hatte, seine Umgebung mit menschlichem Verstehen und Liebe zu erfüllen.

»Wo Liebe ist, ist Gott«, sagte Tolstoi, und man könnte beifügen: Wo Gott und Liebe sind, da ist auch Glück.

H. C. Mattern, einer meiner Freunde, ist ein außerordentlich glücklicher Mensch. Zusammen mit seiner Frau Mary, die ebenfalls sehr glücklich ist, bereist er beruflich die Staaten. H. C. Mattern verfügt über eine einzigartige Geschäftskarte, auf deren Rückseite seine Lebensphilosophie (und diejenige vieler anderer glücklicher Menschen) in kurzen Worten wiedergegeben ist:

»Der Weg zum Glück: Halte dein Herz frei von Haß und deinen Geist frei von Angst und Sorge. Lebe einfach, erwarte wenig, gib viel. Erfülle dein Leben mit Liebe, verbreite Fröhlichkeit. Vergiß dich selber, denke an andere. Sei so, wie du es von anderen wünschest. Versuche das eine Woche, und du wirst überrascht sein.«

Wenn wir diese Worte lesen, könnten wir sagen: »Nichts Neues!« Doch sie enthalten etwas wirklich Neues, wenn wir sie bisher nie praktisch angewandt haben. Wer damit beginnt, wird den neuesten, frischesten und erstaunlichsten Weg zu leben entdecken. Was nützt es, diese Grundsätze ein Leben lang zu *kennen*, sie aber nicht praktisch zu *nutzen*? In diesen einfachen Gedanken liegt der Weg zu einem Leben voller Glück und Zufriedenheit. Wer diese Grundsätze auch nur eine Woche anwendet, ohne zu spüren, daß er einen bedeutsamen Schritt zu einem glücklicheren Dasein getan hat, leidet an einer ernsten Erkrankung des Gemüts.

Wenn wir diesen Leitgedanken Kraft und Wirkung verleihen wollen, ist es nötig, sie mit einer *dynamischen Denkweise* zu erfüllen. Es gibt keine wirkungsvollen geistigen Prinzipien ohne geistige *Kraft*. Wenn wir unsere Denkweise aber von innen heraus entschieden umwandeln, stellt sich der Erfolg positiver Gedanken überraschend leicht ein. Selbst wenn wir neue geistige Grundsätze im Anfang noch unbeholfen und unvollständig anwenden, so wird dadurch in unserem Gemüt doch eine geistige Kraft frei, die sich je nach der Stärke unserer neuen Denkweise zu entfalten beginnt. Wer einmal die beglückende Kraft dieser Erkenntnis entdeckt hat, wird das erhabenste Glücksgefühl seines Daseins erleben, und er wird es bewahren, solange er ein Leben führt, das Gott in den Mittelpunkt aller Dinge stellt.

Auf meinen Reisen habe ich viele wirklich glückliche Menschen angetroffen. Es sind Menschen, die die Leitgedanken, wie sie in diesem Buch dargelegt werden, *praktisch anwenden*. Es ist immer wieder erstaunlich, welche Wandlung sich in Menschen vollzieht, die eine geistige Umstellung zum positiven Denken vorgenommen haben. Ich glaube, daß dies eine der bedeutendsten Erkenntnisse unserer Zeit ist: *die Wiederentdeckung und die praktische Anwendung geistiger Prinzipien.* Menschen, die dieser Entwicklung ablehnend gegenüberstehen und nie die Kraft einer inneren geistigen Wandlung verspürt haben, werden bald mit Recht als altmodisch und rückständig gelten.

Als ich kürzlich in einer Stadt einen Vortrag beendet hatte, kam ein großer, gutaussehender Mann auf

mich zu und schlug mir so kräftig auf die Schulter, daß ich beinahe das Gleichgewicht verlor.
»Doktor«, sagte er, »wie wäre es, wenn Sie sich unserer fröhlichen Gesellschaft anschließen würden? Wir haben eine Party bei Smith, und wir würden uns sehr freuen, wenn Sie dabei wären. Es gibt einen Riesenbetrieb, und Sie sollten mitkommen!«
Seine überzeugend und begeistert vorgetragene Einladung schien nicht gerade für einen Pfarrer geeignet, und ich war recht unsicher. Ich befürchtete, durch meine Anwesenheit die Stimmung der anderen zu stören, und suchte nach Entschuldigungen.
»Nichts da!« sagte mein neuer Freund. »Machen Sie sich keine Sorgen. Das ist eine Party, die Ihnen ganz besonders zusagen wird. Kommen Sie nur! Sie werden erstaunt sein.«
So ließ ich mich überreden und ging mit. Er fuhr mich in seinem Wagen zu einem großen, zwischen hohen Bäumen versteckten Haus, und der aus den Fenstern dringende Lärm ließ keinen Zweifel übrig, hier sei eine wirklich »großartige Party« im Gang.
Meine Zweifel stiegen von neuem auf, und ich fragte mich, was ich da zu suchen habe. Mein Gastgeber aber führte mich mit großem Hallo in die Halle und

stellte mich einer Gruppe Menschen vor. Es bestand kein Zweifel: Diese Leute schienen froh, glücklich und gut gelaunt zu sein. Ich blickte mich nach einer Bar um – doch es gab keine. Alles, was serviert wurde, war: Kaffee, Fruchtsäfte, Mineralwasser, Brötchen und Eis – das aber in großen Mengen.

»Sind die Leute irgendwo eingekehrt, bevor sie hierherkamen?« fragte ich meinen Gastgeber.

Er war überrascht: »Eingekehrt, wieso?« Und als er mich verstanden hatte: »Aber nein, diese Menschen haben schon den richtigen Geist in sich. Können Sie sich denn nicht vorstellen, *was* diese Leute so glücklich macht? – Hier sind Menschen, die sich geistig umgestellt haben; sie haben Gott gefunden als eine beglückende Realität des Daseins. Diese Menschen sind erfüllt vom richtigen Geist, doch nicht von demjenigen, den man in einer Flasche findet!«

Nun begriff ich, was er meinte. Hier hatten sich nicht irgendwelche angeheiterten Menschen zusammengefunden, die sich einfach um jeden Preis amüsieren wollten, sondern hier war die wirkliche Elite der Stadt versammelt: Geschäftsleute, Richter, Anwälte, Lehrer und auch eine große Zahl von Leuten in einfacheren Positionen – und sie erlebten einen fröhlichen, beglückenden Abend, indem sie in der natürlichsten Art und Weise, ohne Duckmäusertum, über religiöse Erlebnisse und ihre geistige Kraft sprachen. Sie erzählten sich ihre Erfahrungen in der praktischen Anwendung geistiger Grundsätze.

Alle, die der naiven Ansicht sind, es sei nicht möglich, religiös zu empfinden und zugleich froh zu sein, sollten diese Party erlebt haben.

Nach einem Vortrag kam ich sehr spät in mein Hotelzimmer zurück. Ich war müde und wollte mich sogleich zu Bett legen, da ich um 5.30 Uhr wieder verreisen sollte. Als ich mich auskleidete, läutete das Telefon, und eine Frauenstimme sagte: »In meinem Haus warten ungefähr 50 Personen auf Sie!«

Ich versuchte, ihr zu erklären, daß ich angesichts meiner frühen Abreise nicht kommen könne.

»Oh«, sagte sie, »zwei unserer Freunde sind aber bereits mit dem Wagen unterwegs, um Sie abzuholen. Wir haben eben für Sie gebetet, und wir möchten, daß Sie noch mit uns beten, bevor Sie die Stadt wieder verlassen.«

Ich habe es nie bereut, der Einladung Folge geleistet zu haben, trotzdem ich in jener Nacht nur wenig Schlaf fand.

Die beiden Männer, die mich abholten, waren einst schwere Alkoholiker, die durch die Kraft des Glaubens und des Vertrauens geheilt worden waren. Beide gehörten zu den glücklichsten und fröhlichsten Menschen, die ich kenne.

Das Haus, in das ich geführt wurde, war vollgestopft mit Menschen. Die Leute saßen auf den Treppen, auf den Tischen, auf dem Boden, und einer hatte es sich sogar auf dem Flügel bequem gemacht. Und was ging hier vor? Die Leute hatten eine Gebetszusammenkunft, und ich erfuhr, daß es in der Stadt bereits 60 solche Gruppen gäbe, die sich zur Pflege bejahender und religiöser Gedanken regelmäßig versammelten.

Ich hatte noch nie eine solche Zusammenkunft erlebt. Nichts von einer muffigen, frömmlerischen Atmosphäre! Einfach eine Versammlung entspannter, glücklicher Menschen. Der Geist, der dieses Haus beseelte, war von mitreißendem Schwung, und ich fühlte mich sehr beeindruckt. Als die Leute ein Lied anstimmten, war mir, als hätte ich noch nie einen so frohen und lebensbejahenden Gesang gehört. Das Haus war erfüllt von Optimismus, guter Laune und Fröhlichkeit. Eine Frau mit geschienten Beinen sagte zu mir: »Es hieß, ich würde nie mehr gehen können!

Wollen Sie sehen, wie ich *gehe?*« Und sie ging im Zimmer auf und ab.
»Was hat Ihnen geholfen?« fragte ich.
»Gott hat mir geholfen«, sagte sie schlicht.
Dann begrüßte mich eine hübsche junge Dame mit den Worten: »Haben Sie je einen Menschen gesehen, der dem Morphium verfallen war? Nun, ich war es – und heute bin ich frei davon und geheilt.«
Und auch sie sagte: »Gott tat es.«
Dann machte ich die Bekanntschaft eines Ehepaares, das sich überworfen und getrennt, sich aber wieder gefunden hatte und nun glücklicher war als je zuvor. »Wie haben Sie das erreicht?« fragte ich erneut. Und wieder lautete die Antwort: »Gott hat uns geholfen.«
Ich fühlte, daß dieses Haus von einer geistigen Kraft erfüllt war, wie sie nur durch die Gegenwart Gottes möglich wird. Diese Menschen hatten ihr Leben unter die göttlichen Lebensgesetze gestellt und deren lebendige Kraft erfahren. Gott hat sie mit neuer Lebenskraft und Zuversicht erfüllt.
Selten kannte ich einen Menschen, der so erfüllt war von Lebensfreude wie mein guter alter Freund, der Kunstmaler Howard Christy. Seine gute Laune und

sein Optimismus wirkten ansteckend, wo er auch auftauchte.

In meiner Kirche besteht die Tradition, daß sich der amtierende Pfarrer während seiner Amtszeit porträtieren läßt. Das Bild hängt dann bis zu seinem Rücktritt oder Tod in seinem Haus und kommt später in eine Galerie zu seinen Vorgängern. Als ich Howard Christy Modell saß, frage ich ihn: »Howard, hast du eigentlich auch manchmal Sorgen?«

»Niemals!« sagte er bestimmt. »Ich halte nichts von Sorgen.«

»Nun«, sagte ich »das scheint mir aber doch eine etwas allzu einfache Theorie zu sein. Ich kann nicht glauben, daß du dir wirklich nie Sorgen machst.«

Er antwortete: »Doch, ich versuchte es einmal. Ich stellte fest, daß sich jedermann über irgend etwas Sorgen machte, und ich dachte, ich würde vielleichet etwas verpassen. So beschloß ich, einen bestimmten Tag zu meinem Sorgentag zu erklären und mir über irgend etwas Sorgen zu machen – nur um herauszufinden, was es damit für eine Bewandtnis habe. Am Abend vor meinem Sorgentag ging ich früh zu Bett, um vorher gut zu schlafen. Am Morgen stand ich auf und nahm zuerst ein gutes Frühstück zu mir. Mit leerem Magen kann man sich nicht richtig sorgen! Und dann gab ich mir alle Mühe, mir bis zum Mittagessen Sorgen zu machen. Doch trotz meiner Anstrengungen brachte ich es nicht fertig. Ich sah keinen Sinn darin und gab es vorzeitig auf.«

Howard schloß seine Erzählung mit einem ansteckenden, fröhlichen Lachen.

»Du mußt aber doch irgendeine Methode haben, um deine Sorgen zu überwinden«, insistierte ich. Und Howard hat eine Methode – vielleicht die beste von allen.

»Jeden Morgen verbringe ich eine Viertelstunde damit, meinen Geist ganz mit Gott zu erfüllen«, sagte er. »Wer von Gott erfüllt ist, hat keinen Platz für Sorgen.«

Howard Christy war nicht nur ein großer Künstler, sondern beherrschte auch die Kunst zu leben. Er setzte eine einfache, aber große Wahrheit in die Praxis um: Das Leben gibt uns *das* zurück, was wir hineinstecken. Unser Geist gibt uns das, was wir ihm geben. Erfüllen wir ihn mit Gott, anstatt mit Angst und Sorge, so werden wir dadurch Mut und Vertrauen gewinnen. *Sich sorgen ist ein destruktiver Prozeß*. Wir quälen so unser Bewußtsein mit den Gedanken, die Gottes Liebe und Fürsorge entgegengesetzt sind. Wenn wir uns aber täglich mit Seiner Liebe, Güte und Kraft erfüllen, dann wird für unsere Sorgen, die nur ein Mangel an Vertrauen und Lebensmut sind, kein Raum bleiben.

Hier liegt das Geheimnis wahren Lebensglücks. Alles andere kommt erst in zweiter Linie. Wer diese innere Haltung gewinnt, hat das Beste gewonnen, das wir auf dieser Welt gewinnen können.

Entfalten Sie Ihre Kräfte

Entfalten Sie Ihre Kräfte! Denn Sie haben eine ganze Menge zu entfalten. Mehr als Sie denken. In Ihnen schlummert etwas, das Sie nie außer acht lassen sollten. Vergessen Sie eines nicht: Sie können mehr, als Sie denken.

Warum sage ich Ihnen das alles? Aus folgendem Grund: Ich habe mehr als 30 Bücher über positive Lebensgestaltung geschrieben; Tausende von Lesern haben mir gesagt, daß sich ihr Leben vom Augenblick an, da sie gelernt hatten, an sich selbst zu glauben und positiv zu denken, stark verändert habe. In einem Brief, den ich kürzlich aus Australien erhielt, schrieb mir ein Mann: »Nie hätte ich geglaubt, daß ich das, was ich getan habe, schaffen würde. Ich wußte nicht, daß ich auch nur annähernd über die Kräfte verfüge, die ich mit Ihrer Hilfe entfalten konnte.«

Vor Jahren verbrachten meine Frau und ich mehrere

Sommerferien in einem großen Hotel in der Schweiz. Dort lernten wir im Speisesaal einen Küchengehilfen kennen: Hans, einen deutschsprachigen jungen Burschen. Seine Arbeit bestand darin, das schmutzige Geschirr von den Tischen wegzuräumen und es zum Abwaschen hinauszutragen. Doch Hans war nie schlecht aufgelegt oder mißmutig. Er war stets guter Dinge und glücklich. Er sprach gebrochen Englisch und wir gebrochen Deutsch, und so führten wir am Eßtisch mehrere freundschaftliche Gespräche.
Eines Tages fragte ich ihn: »Hans, was ist dein Lebensziel?« Diese Frage brachte ihn offensichtlich in Verlegenheit, denn er errötete. »Ich weiß«, sagte er, »daß ich zu hoch hinaus will. Ich stamme aus einer armen Familie, aber ich möchte Chef de service werden und irgendwann einmal sogar Direktor eines großen Hotels. Doch ich weiß, daß ich damit zu hoch greife. Ich bin ja bloß ein armer Bauernjunge.«
»So, Hans, so darfst du weder denken noch sprechen. Viele der größten Männer und Frauen auf dieser Welt haben genau wie du angefangen. Und was das Zu-hoch-Greifen betrifft, so greife so hoch, wie es dir deine Fähigkeiten ermöglichen. Anders gesagt: Greife nach dem Mond! Und selbst wenn du ihn ver-

passest, landest du auf den Sternen.« Ich gab Hans ein Exemplar meines Buches »Die Kraft positiven Denkens«.

Mehrere Jahre vergingen. Eines Tages in London begaben wir uns in den Speisesaal eines berühmten Hotels. Der Oberkellner brachte uns zum besten Tisch und sagte, während wir uns setzten: »Guten Tag, Herr Dr. Peale.« Verwirrt blickte ich den mit perfekt geschneiderter Jacke und Nadelstreifenhose bekleideten jungen Mann an, der es allem Anschein nach geschafft hatte. Diesem Lächeln war ich doch schon einmal irgendwo begegnet. »Das ist doch Hans, mein alter Freund! Hans, ich gratuliere dir! Du hast dein Ziel erreicht, nicht wahr?«

»Ja«, sagte er (und sprach dabei wieder Hochdeutsch), »ich gehe meinen Weg, und ich glaube, daß ich es bis zur Spitze schaffen werde.« Hans hatte eine großartige menschliche Eigenschaft entdeckt: die Fähigkeit, seine Kräfte zu entfalten.

Viele Menschen stellen ihr Licht unter den Scheffel, indem sie ihre Fähigkeiten geringschätzen und ihre Kräfte brachliegen lassen. Manchmal geschieht dies unbewußt, vielleicht als Entschuldigung für einen Fehler. Unter Umständen ist der Grund auch in übertriebener Bescheidenheit zu suchen; und in wieder anderen Fällen ist ein Mensch felsenfest davon überzeugt, daß er ganz gewöhnlich sei, und ist sich nicht bewußt, daß gewöhnliche Leute oftmals zu außergewöhnlichen werden. Normal und klug ist es, zu glauben, daß in jedem von uns eine angeborene Fähigkeit, ja sogar ein Talent steckt. In Tat und Wahrheit besitzen wir mehr Fähigkeiten, als wir gebrauchen. Es ist sogar sehr wahrscheinlich, daß die meisten Menschen nur einen Bruchteil der ihnen zur Verfügung stehenden Kräfte einsetzen. Wir wollen bis zum Kern dieser in jedem von uns schlummernden Kraftreserve vorstoßen und Ihnen Ratschläge geben, wie Sie diese Kräfte entfalten können.

Der erste Schritt bei der Freisetzung dieser Kräfte besteht im Glauben an die zusätzlichen Fähigkeiten, über die Sie verfügen. Kürzlich las ich von einem Mann, der einen leichten Körperbau hatte, knapp 1,70 m groß war und lediglich 60 kg wog. Er hatte einen 14jährigen Sohn, einen überaus lebendigen Jungen, der von den Landwirtschaftsmaschinen auf ihrer Farm fasziniert war und sie daher betätigen wollte. Sein Vater gestattete ihm nicht, auf den Autostraßen mit dem Wagen oder dem Traktor herumzufahren,

hingegen durfte der Junge die Straßen innerhalb der Farm benutzen. Am meisten Spaß machte ihm das Fahren mit dem großen Traktor, den man zum Pflügen der Felder brauchte.
Eines Tages sah der Vater, wie sich sein Sohn mit dem Traktor einer steilen Böschung näherte. Plötzlich kippte der Traktor langsam. Sein Sohn schrie. Der Unfall ereignete sich ungefähr 400 Meter weit entfernt; diese Strecke legte der Vater in Rekordzeit zurück. Ein Bein seines Sohnes war unter der riesigen Landwirtschaftsmaschine festgeklemmt, so daß sich der Junge nicht mehr bewegen konnte. Der kleine Mann faßte den gekippten Traktor und hob ihn so weit hoch, daß sich sein Sohn darunter hervorwinden konnte. Als der Mann später nochmals versuchte, den Traktor anzuheben, konnte er ihn nicht einmal bewegen. Woher hatte er die übermenschliche Kraft genommen, um seinen Sohn zu befreien? Natürlich aus seinem Innern. Woher denn sonst? »Ein Adrenalinausstoß«, sagen Sie jetzt vielleicht. Sicher, aber es war auch ein Ausstoß jener mächtigen Kraft, die in jedem von uns schlummert. Diese Kraft kann uns helfen, in unserem Beruf – egal, was wir machen – Größeres zu leisten.

Wie zum Beispiel jener Mann, den ich einst in einem Flugzeug traf. Als ich neben ihm Platz nahm und froh »Guten Morgen« sagte, brummte er: »Was soll das?« Er schien mich zu erkennen, denn er fragte: »Sie sind doch der Mann, der das Buch ›Die Kraft positiven Denkens‹ geschrieben hat? Nun«, fuhr er fort, »im Hinblick auf die Aufgabe, die vor mir liegt, könnte ich eine Riesenportion positiven Denkens brauchen.« Und dann brach buchstäblich eine ganze Menge Unglück aus ihm heraus. Es schien, daß er als Verkäufer keinen Erfolg hatte. Und tatsächlich sagte er: »Ich bin am Boden zerstört. Warum läuft alles schief?« fragte er verzweifelt. »Und wissen Sie das Beste? Unsere Firma führt gegenwärtig in Las Vegas eine Verkaufstagung durch, und der Gastredner, der die Anwesenden überzeugen und motivieren sollte, ist krank. Und das können Sie nun glauben oder nicht: Unser Aufsichtsratspräsident hat mich angerufen und gesagt, ich solle nach Las Vegas kommen und als Ersatzredner auftreten. Ausgerechnet ich! Stellen Sie sich das vor! Ich! Ich, ein totaler Laie. Ich soll die anderen motivieren. Er muß wohl von allen guten Geistern verlassen sein.« So unverblümt erzählte er mir seine Geschichte.

»Im Gegenteil. Ihr Präsident ist ein kluger Mensch«, erwiderte ich. »Er weiß, daß Sie das Zeug dazu haben. Sie sind zwar in einem Tief, besitzen jedoch ungeahnte Kräfte, die Sie nicht benutzen. Er weiß auch, daß Sie diese Kräfte freilegen können, wenn es ihm gelingt, Sie so weit zu bringen, daß Sie sich selber vergessen und versuchen, anderen zu helfen. Deshalb hat er Sie beauftragt, zu Ihren Kollegen zu sprechen und sie zu motivieren. Er zielt auf Ihre inneren Kräfte ab, um den anderen zu zeigen, wie sie ihr Bestes liefern können, und er glaubt, daß Sie Ihrerseits Ihr Bestes liefern werden.«

»Nun denn, ich werde ...«, rief der Mann, »das ist's wahrscheinlich. Was halten Sie von diesem alten Fuchs?«

»Das ist vielleicht der Grund, weshalb er Präsident Ihres Unternehmens wurde: Er weiß, was in den Menschen steckt, und versteht es, Talente aus ihnen herauszuholen«, erwiderte ich.

Später hörte ich, daß unser Mann alle Anwesenden an dieser Veranstaltung mitgerissen hatte. Er war derart beflügelt, daß er tausend Innen- und Außendienstmitarbeiter, die dorthin gekommen waren, um zu lernen, begeistert hatte. Er erzählte ihnen, was sie tun und sein könnten und wie diese Ziele erreichbar sind. Danach ging er selbst mit einem positiven Eigenbild an seine Arbeit zurück – mit dem Ergebnis, daß er nun eine Rekordleistung erbrachte. Er vertrieb alle negativen Blockaden aus seinem Geiste und ließ ein normales, gesundes Selbstvertrauen die Oberhand gewinnen. Nun konnten sich seine inneren Kräfte entfalten.

Mit diesem Buch wollen wir Sie als begabten Menschen dazu bewegen, Ihre inneren Kräfte zu entfalten, so daß Sie das sein können, was Sie sein wollen und können. Und das ist unglaublich viel!

Als ich noch ein kleiner Junge war, traf ich den großen Henry Ford, den Erfinder des Ford-Wagens. Er fragte: »Wer ist dein bester Freund?« Und ohne eine Antwort abzuwarten, fügte er hinzu: »Dein bester Freund ist jener Mensch, der dir hilft, dein Bestes zu liefern.«

Ich erinnere mich an einen zähen Jungen in einer Privatschule. Er war ein sogenanntes Problemkind, der alle seine Lehrer zur Verzweiflung trieb. Schließlich schickte der Schulbesitzer ihn zum Rektor – mit der mehr oder minder deutlichen Empfehlung, den Jun-

gen rauszuschmeißen. Mike, so hieß der Junge, betrat bedrückt das Büro des Rektors. »Setz dich doch bitte, Mike«, sagte der Rektor freundlich. Schweigend saß er da und musterte den Jungen. »Weißt du was?« sagte er dann. »Weißt du, daß du bemerkenswerte Hände hast? Es sind die schmalen, kräftigen, feinfühligen Hände eines Chirurgen. Du bist ein Naturtalent, Mike. Du hast das Zeug zum Spitzenchirurgen. Da kann ich dir nur gratulieren, mein Junge.«
Mike verließ das Büro und setzte sich auf die Treppe des Schulhauses. Er schaute seine Hände an, als hätte er sie zuvor nie gesehen. Er wurde einer der besten Schüler, ging zur Mittelschule, studierte danach Medizin und wurde ein überaus erfolgreicher Chirurg.
Diese Kräfte steckten sogar dann in ihm, als ihn sein Lehrer zur Schule hinauswerfen wollte und er selbst vom Leben genug hatte. Jeder von uns besitzt solche Kräfte. Suchen Sie sie! Entfalten Sie sie!
Erinnern wir uns an die Geschichte von Nancy Hanks, der Stiefmutter Abraham Lincolns. Mitten in ihrer Armut – sie lebte in der Wildnis in einer elenden Hütte – sagte sie zu dem unansehnlichen Jungen: »Abraham, werde jemand.« Das gilt für uns alle. Die Erkenntnis, daß außergewöhnliche Kräfte in jedem

von uns stecken, ist der *erste Schritt* zur Selbstentfaltung.

Der *zweite Schritt* besteht darin, jederzeit das Beste zu geben und nie nachzulassen. Geben Sie sich nie mit etwas Geringerem zufrieden als mit Ihrem Besten. Das ist zugegebenermaßen viel verlangt und erfordert Entschlossenheit und Selbstdisziplin. Doch Spitzenleistungen werden einem bekanntlich nicht geschenkt. Wer es sich leichtmacht, kommt nie an die Spitze.

Der amerikanische Fußballverband verlieh seinen Ehrenpreis Justin Dart, dem Gründer der Dart-Industriebetriebe. Als Student der unteren Semester galt er als der Fußballstar der Northwestern University. Noch heute erzählt Dart, wie die Mannschaft einst in einem wichtigen Spiel während der ersten Halbzeit eine erbärmliche Vorstellung gab. Der Trainer hielt den Spielern in der Pause eine saftige Gardinenpredigt. Danach schickte er sie wieder aufs Feld zurück. »Dart«, sagte der Trainer, »warte bitte einen Augenblick. Du kennst deine Fähigkeiten genau. Setze sie um Gottes willen ein. Du kannst der beste Torhüter sein, den Northwestern je gehabt hat. Geh jetzt und gib dein Bestes.«

Justin berichtet: »In diesem Moment fühlte ich, wie in mir etwas vorging. Ich ging aufs Feld hinaus und gab mein Bestes.«

Der Gebrauch, die Pflege und die Vervollkommnung Ihres Kräftepotentials bewirkt, daß sich dieses entwickelt – etwa so, wie der Gebrauch eines Muskels zu dessen Kraft beiträgt. Was dagegen nicht gebraucht wird, entwickelt sich natürlich zurück und verkümmert.

Ich nahm an einer Veranstaltung in einer Stadt an der Westküste Amerikas als Gastredner teil. Im Hotel holte mich ein junger Mann ab und fuhr mich zum Saal. Er war 20 Jahre alt und hieß Charlie. Er machte einen aufgeweckten Eindruck. Ich fragte ihn: »Charles, hast Du eine genaue Vorstellung davon, was du sein und wohin du gehen möchtest?« Seine Antwort kam rasch: »Aber sicher. Ich will einer der größten Redner unseres Landes werden.« Meine Frage, ob er denn schon einige Reden gehalten habe, bejahte er. Seinem Gefühl nach sei es aber nicht sehr gut gegangen. »Ich hatte gewaltige Anlaufschwierigkeiten. Das, was ich sagen wollte, war plötzlich aus meinem Kopf verschwunden: ein richtiges Blackout. Zudem war ich nervös; es war, als würde mir die Zunge am Gaumen kleben. Aber trotzdem weiß ich, daß ich das Zeug zu einem Redner habe.«

»Gut«, erwiderte ich. »Zu wissen, daß du das Zeug hast, ist sehr wichtig. Der Wille, ein großer Redner zu werden, und die Entschlossenheit, es zu sein, sind die unabdingbare Grundlage deines Erfolgs. Nervosität und Lampenfieber sind völlig normal. Diese Erfahrung machen viele Redner zu Beginn ihrer Karriere.«

Ich ermutigte also Charlie, daran zu glauben, daß er ein guter Redner werde und daß der beste Weg, seine Kräfte zu entfalten, darin bestehe, keine Gelegenheit, als Redner aufzutreten, auszulassen. Ich sagte ihm auch, er solle es bei der nächsten Gelegenheit noch besser machen und in seinen Reden versuchen, den anderen zu helfen, ihre Kräfte zu entfalten.

Charlie nahm den Ratschlag an und wird seither in seinem Beruf von Mal zu Mal besser. Je mehr er seine Kräfte entfaltet, desto größer werden seine Möglichkeiten.

So ergeht es jedem, der auf dieser Welt etwas Besonderes tun will. Entfalten Sie Ihre Kräfte!

Glauben Sie an Ihre Fähigkeiten

Wenn ich an meine Schulzeit zurückdenke, so kommt mir ein Erlebnis in den Sinn, das ich nie vergessen werde. Im fünften Schuljahr hatte ich einen Lehrer, der überzeugter positiver Denker war. Er hieß George Reeves. Auf uns machte er einen unauslöschlichen Eindruck. Er war 1,84 Meter groß und 108 Kilo schwer: ein gewaltiger Mann.

George Reeves war ein eigenwilliger Mensch, der oft Dinge tat, die niemand voraussagen konnte. So schrie er während des Unterrichts plötzlich: »Ruhe!« Und wenn George Reeves Ruhe verlangte, dann war auch Ruhe! Darauf ging er zur Wandtafel und schrieb in großen Buchstaben die Worte »KANN NICHT«. »Schaut euch das an«, befahl er donnernd. »Was sollen wir damit machen?«

Wir wußten, welche Antwort er hören wollte, und

so rief die ganze Klasse: »Weg mit dem NICHT.« Und George Reeves löschte das »NICHT« mit einer schwungvollen Bewegung, und zurück blieb eindrucksvoll das Wort »KANN«. Und während er sich die Kreide von den Fingern wischte, blickte er uns an und sagte: »Das soll euch eine Lehre sein, die ihr nie vergessen dürft. Ihr könnt, wenn ihr glaubt, daß ihr könnt.« Und während er die Jungen und Mädchen, die ihn erstaunt anblickten, ins Auge faßte, huschte ein Lächeln über sein Gesicht. »Hört zu, meine jungen Damen und Herren« (soweit ich mich erinnere, nannte er uns aus irgend einem Grund nie Jungen und Mädchen), »hört mir gut zu! Ihr seid größer, als ihr meint; wenn ihr wirklich daran glaubt, so schafft ihr es. Das ist das einzig Wichtige, das ich euch in dieser Klasse lehren kann.«

Noch heute, da ich die erste Lebenshälfte längst hinter mir habe, sehe ich diesen strengen, weisen und guten Mann vor mir, wie er einer amerikanischen Schulklasse klarzumachen versuchte, was jeder von ihnen aus seinem Leben machen und was er werden konnte. Was George Reeves uns damals lehrte, hat bis heute an Gültigkeit nichts eingebüßt.

»Wenn ihr wirklich daran glaubt, so schafft ihr es.«

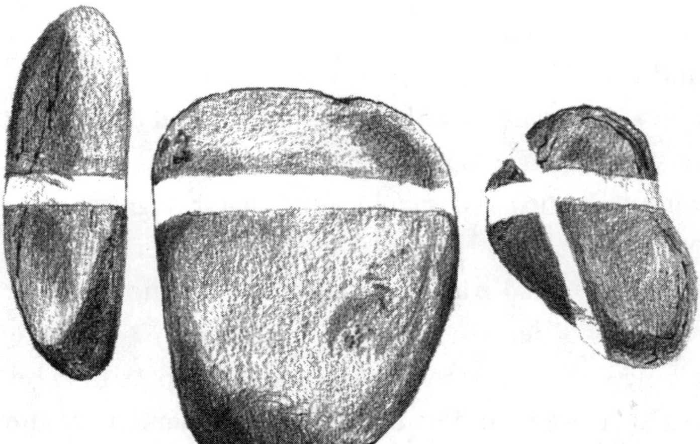

Merken wir uns das! Glauben wir doch, daß wir unsere Ziele tatsächlich erreichen und das sind, was wir sein möchten. Aus einem Grunde schaffen wir es: Jeder von uns besitzt etwas, das ich mit Vorliebe den Plus-Faktor nenne. Diese Energiequelle, die uns motiviert und beflügelt, bewirkt, daß wir über das Gewöhnliche hinauswachsen und uns über die Mittelmäßigkeit stellen können.

Diesen Plus-Faktor hat Gott jedem Menschen eingegeben. Anhand eines Bildes wollen wir uns mit diesem schöpferischen Vorgang etwas näher befassen. Wie genial hat Gott den Menschen geschaffen! Um und in ein herrliches Gerüst, nämlich das Skelett, hat er ein ausgeklügeltes System aus Blutgefäßen, Nerven und Organen gelegt und es mit Fleisch umgeben. Zuoberst hat er den Kopf angebracht, und in diesem hat er ein Hirn geschaffen, das denken und überlegen kann, ein Hirn, das sich an unzählige Ereignisse erinnern kann, ein Hirn, das Wolkenkratzer erbauen, Brücken schlagen und die unendliche Schönheit der Kunst und der Musik erschaffen kann.

Gerne stelle ich mir vor, wie unser Schöpfer, kurz bevor er das erstaunliche Meisterwerk namens Mann und Frau vollendet hatte, eine gut gemessene Handvoll von etwas Besonderem nahm und es in das Hirn des Menschen gab. Und was war dieses Besondere? Es war eine schlummernde Fähigkeit, ja sogar Genie. Es war der Plus-Faktor, der dem Menschen hilft, alle Probleme des Lebens zu meistern. Dieser Plus-Faktor macht aus Ihnen und mir und überhaupt aus jedem, der ihn annimmt, wahre Könner.

Den Plus-Faktor können wir auch als positives Denken bezeichnen. Doch was ist das: positives Denken? Nun, logischerweise das Gegenteil des negativen Denkens. Es ist das Ich-kann-Denkprinzip, im Gegensatz zum Ich-kann-nicht-Prinzip. Positiv denken heißt, an seine Möglichkeiten glauben und seinen Zweifeln mißtrauen.

Das positive Denken ist meistens kein großes Geschäft irgendwelcher Art. Es drückt sich im Kleinen aus; doch dieses Kleine wächst allmählich zu etwas Großem. Ein Beispiel: Sie erwachen am Morgen. Ihr erster Gedanke ist: »Das gibt wieder einen üblen Tag.« Ihre Frau, die bereits beim Frühstück ist, fragt Sie fröhlich: »Wie geht es dir heute, Liebster?« Der negativ Denkende gibt darauf routinemäßig die übliche Antwort: »Mir ist nicht gut. Ich bin am Ende meiner Kräfte. Ich bin ausgelaugt.« Das Üble an die-

ser Antwort ist, daß sie nicht stimmt. Man *fühlt* sich lediglich ausgelaugt.
Es kann sein, daß Sie Verkäufer sind und für heute einen Termin bei einem hartgesottenen Einkäufer haben. »Bei diesem Kerl werde ich keinen Erfolg haben. Der kauft nicht.« Genauso verhält es sich mit dem »Mir ist nicht gut« und mit dem »Ich kann nicht«. Beides sind zerstörerische, negative Haltungen. So wandert denn der negativ Denkende ohne jegliche Eingebung durch den Tag, indem er negativ denkt und redet. Er ist das Opfer der berühmt-berüchtigten Formel: MVB. Nämlich: Mißerfolg, Verlust und Begrenztheit.
Es gibt zwei Denkweisen, die wir anwenden können. Die eine ist das negative Denken, die andere das positive. Negativ denken ist sehr gefährlich. Denn es gibt ein Gesetz: das Gesetz der Anziehung. Gleiches zieht Gleiches an. Gleich und gleich gesellt sich gern. Genauso neigen bestimmte Gedanken zwangsläufig dazu, sich »fortzupflanzen«. Wenn wir die Gewohnheit haben, negative Gedanken in unsere Umwelt, in unsere Umgebung oder in unseren Geschäftsalltag auszusenden, besteht die Gefahr, daß wir Negatives anziehen. Das ist keine graue Theorie. Es ist eine Tat-

sache. Wenn ein Mensch dauernd negativ denkt, führen diese Gedanken schließlich zu negativen Ergebnissen in seinem Leben. Die Gedanken, ob ausgesprochen oder nicht, besitzen eine große Macht. Sie setzen Kräfte in Bewegung, die unvermeidlich zu den geplanten, ausgesprochenen und herbeigedachten Ergebnissen führen. Daß das negative Denken, negative Haltungen und negative Vorstellungen zu negativen Ergebnissen führen, ist ein geistiges Gesetz. Treten wir ihm entgegen! Die schlechte Gewohnheit, negative Gedanken zu haben, regt negative Kräfte an, die logischerweise nur Negatives hervorbringen.

Wenn Sie in Ihrem Leben oder im Beruf ständig negative Bedingungen antreffen oder negative Ergebnisse erzielen, so kommen diese nicht von selbst; ebensowenig sind sie unglücklichen Umständen zuzuschreiben. Sie sind bloß die natürliche und unvermeidliche Folge einer laufend genährten negativen Geisteshaltung. Diese Haltung hat in Ihnen womöglich schon vor langer Zeit zu keimen begonnen. Und vielleicht hat sie aus Ihnen einen negativ denkenden und Negatives empfangenden Menschen gemacht.

Doch ich habe eine gute Nachricht für Sie, eine wirklich großartige Nachricht: Sie können sich ändern und ein positiv denkender Mensch werden, in dessen Leben, Geschäftsalltag und Beziehungen Positives einfließt. Da gibt es nicht den geringsten Zweifel. Hoffentlich sind Sie sich bewußt, daß *jetzt* die Zeit für diese Änderung ist. Denn wenn Sie sich jetzt nicht ändern, so besteht die Gefahr, daß Sie es nie tun. Der positiv Denkende ist ein optimistischer, durch den Glauben bestärkter Mensch, der sich die Dinge in seiner Vorstellung positiv ausmalt und seiner Umwelt positiv gegenübertritt: Seiner Welt schickt er Tag für Tag schöpferische und positive Gedanken zu.

Diese starken Gedankenwellen beeinflussen die Umwelt positiv. Eine ganze Reihe positiver Ergebnisse und Errungenschaften im Leben ist die Folge davon. So funktioniert dieses mächtige geistige Gesetz: Was Sie über eine längere Zeit geistig ausstrahlen, kommt in ganz genau gleichem Maß auf Sie zurück. Wenn Sie also tatsächlich erfolgreich sein wollen oder weitere Erfolge erzielen möchten, ist es entscheidend, daß Sie sich vom negativen, zerstörerischen Denken abwenden und sich entschlossen dem schöpferischen, positiven Denken hingeben.

Manchmal sagen mir Menschen, die für ihre negative

Haltung eine Entschuldigung suchen: »Ich bin eben als negativ denkender Mensch geboren worden. Mein Vater war schon so und mein Großvater auch. Das gehört zur Familientradition.« Tatsächlich kann eine solche Haltung zur Familie gehören, doch die Meinung, daß jemand als negativ denkender Mensch geboren wird, ist nicht stichhaltig.

Gott hat jeden von uns nach seinem Ebenbild geschaffen und uns Leben eingehaucht. Und das heißt soviel wie Energie, Begeisterung und Optimismus. Ich kann mich nicht erinnern, je ein negatives Kleinkind erlebt zu haben. Kleinkinder scheinen von Natur aus positiv zu sein. Einige von ihnen werden aber in negativ denkende Familien hineingeboren, und da Kleinkinder auf die sie umgebende Atmosphäre sensibel reagieren, nehmen sie die entsprechenden Eigenschaften an. Dann wächst dieses Kind mit einem geringen Selbstwertgefühl heran und betrachtet sich als einen von Natur aus zum Verlieren verurteilten Menschen.

Einst spazierte ich in Hongkong durch die verschlungenen Sträßchen von Kowloon. Dabei stieß ich auf ein Tätowierungsstudio. Im Schaufenster waren verschiedene Tätowierungsbeispiele zu sehen. So konnte man sich auf die Brust oder den Arm einen Anker, eine Flagge oder eine Nixe tätowieren lassen.

Was mich aber erschütterte, waren drei Worte, die man sich in die Haut tätowieren lassen konnte: »Zum Verlieren geboren«.

Verwundert betrat ich den Laden, zeigte auf jene Worte und fragte den chinesischen Tätowierer: »Will denn tatsächlich jemand den entsetzlichen Satz ›Zum Verlieren geboren‹ auf seinen Körper tätowiert haben?« – »Ja, manchmal.« – »Aber«, sagte ich, »ich kann nicht glauben, daß ein normaler Mensch dies möchte.« Der Chinese tippte einfach mit dem Finger auf die Stirn und sagte in gebrochenem Englisch: »Bevor Tätowierung auf Körper, Tätowierung im Kopf.«

Dieser Mann, dachte ich, ist ein Philosoph. Denn was ein Mensch wird, hat er schon seit langer Zeit in seinen Kopf tätowiert. Tagtäglich kann man sich Erfolg oder Mißerfolg einhandeln – je nachdem, was man im Kopf mit sich herumträgt. Tatsache aber ist, daß es nicht »Zum Verlieren geboren« heißen muß, sondern »Zum Gewinnen geboren« heißen kann.

George Hallas, der berühmte Coach der »Chicago

Bears«, Mitglied der Fußball-Nationalliga, hatte in seinem Büro an gut sichtbarer Stelle folgenden Slogan angebracht: »In jeder Situation gewinnen«. Wirklich ein kluger Gedanke. Während des Schlafens durchdringen die Gedanken unser Unbewußtes. George Hallas wollte nicht, daß seine Spieler ans Verlieren dachten. Lassen Sie sich also nie von Gedanken des Mißerfolgs beherrschen. Stellen Sie sich als Sieger vor, wenn Sie einschlafen. Lassen Sie die Vorstellung des Erfolgs aufkommen. Sie wird eine gewaltige Wirkung haben. Nehmen Sie den Ratschlag eines der erfolgreichsten Sportmanagers unserer Zeit an!

George Hallas verfügte auch über eine gesunde psychologische Grundhaltung. Der Mensch neigt zwingend dazu, genau das zu werden, was er sich über eine lange Zeitspanne hinweg vorgestellt hat. Unser Eigenbild, das wir uns bewußt von uns machen und ausstrahlen, neigt mit aller Macht dazu, Wirklichkeit zu werden. Wenn Sie zum Beispiel an einem Minderwertigkeitskomplex leiden und von sich selbst das Bild eines unfähigen Menschen haben, also nicht an sich glauben, so wird diese Vorstellung schließlich Wirklichkeit.

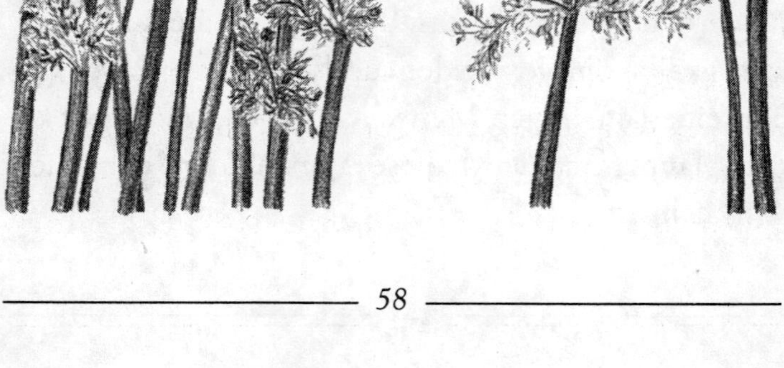

Wenn Sie dagegen nicht mehr so sein wollen, so normalisieren Sie Ihr Eigenbild und beginnen Sie damit, sich als fähigen Menschen vorzustellen. Machen Sie das, und Sie werden mit der Zeit so, wie Sie sich selbst vorstellen.

Das ist keine graue Theorie. Es ist eine Tatsache. Das weiß ich aus eigener Erfahrung. Als kleiner Junge litt ich unter einem gewaltigen Minderwertigkeitskomplex. Ich war ein schüchterner Prügelknabe, der davor zurückschreckte, unter die Leute zu gehen. Unfähig und völlig unbegabt – das war das Bild, das ich von mir selber hatte. Ich sah mich als ein Niemand an. Wissen Sie, was dann geschah? Ich stellte fest, daß die anderen Menschen mit mir einiggingen. Es ist eine Tatsache, daß die anderen Menschen einen unbewußt als das nehmen, wofür man sich selber hält.

Mein neues Selbstbewußtsein stellte sich im zweiten Mittelschuljahr während einer Politologievorlesung ein. Der Professor, Ben Arneson, wurde später einer meiner besten Freunde. Als die Stunde zu Ende war, sagte er zu mir: »Peale, bleiben Sie noch ein paar Minuten da.« Er blickte mich forschend an: »Was ist mit Ihnen los? Warum in aller Welt sind Sie ein derartiges Häufchen Elend? Verängstigt wie ein geschlagener

Hund gehen Sie durch die Gegend. Wenn ich Ihnen in der Klasse ein Frage stelle, werden Sie rot, verlieren beinahe die Sprache und murmeln irgend etwas vor sich hin. Dabei bin ich sicher, daß Sie von der Sache sehr viel verstehen. Wieso überwinden Sie diesen Minderwertigkeitskomplex nicht, und warum benehmen Sie sich nicht wie ein Mann?«

Obschon mich diese scheinbar grobe Behandlung ärgerte, mußte ich ihm recht geben. »Ich weiß es nicht. Wahrscheinlich bin ich ein Versager.«

»Sagen Sie nie wieder so etwas Negatives«, schnauzte er mich an. »Bauen Sie auf Ihren Glauben, und bitten Sie den allmächtigen Vater, daß er Sie ändert«, fügte er freundlich hinzu.

Ich taumelte aus dem Klassenzimmer, ging den Korridor entlang und verließ dann das Gebäude über die lange Außentreppe. Auf der viertuntersten Stufe hielt ich an. Auf dieser besonderen Treppenstufe fand eines der größten Ereignisse meines Lebens statt. Ich betrat den Weg, der mich zu mir selbst führte.

Und das geschah folgendermaßen: Ich stand dort völlig entmutigt und ohne jegliche Hoffnung. Dann tat ich, was man mich gelehrt hatte: Ich betete. Es

war ein einfaches, verzweifeltes Gebet. Im Roman »Die Kathedrale« des Dichters James Russell treffen wir auf die folgende Strophe:
»Ich, der ich immer am Morgen und am Abend gebetet habe, habe in meinem Leben vielleicht nur dreimal wirklich gebetet. Dreimal in mein bewußtes Selbst eingetaucht, habe ich dieses vollendete Freisein gefühlt, welches Gott ist.«
Dieses Mal betete ich mit Inbrunst: »Schau, mein Gott, du kannst einen Dieb zu einem ehrlichen Mann machen oder einen Trunkenbold zu einem nüchternen Menschen. Warum kannst du einen Versager wie mich nicht in einen normalen Menschen verwandeln? Amen.«
Ich erwartete ein Wunder, doch nichts dergleichen geschah – außer daß ich mich innerlich gelöst und irgendwie glücklich fühlte.
In der Folge gab mir ein anderer Vorgesetzter, Professor Ralph Waldo Emerson, Henry David Thoreau, Marc Aurel und William James zum Lesen – alles Schriftsteller, die einen lehren, was geschieht, wenn einer die richtige Einstellung zu haben beginnt. Ich lernte, daß man sein Leben ändern kann, indem man seine Geisteshaltung ändert. Allmählich lernte ich,

ein gesundes Selbstvertrauen zu entwickeln. Ich entdeckte, daß ein Mensch es schafft, wenn er glaubt, daß er es schafft.

Die Kraft, Probleme zu bewältigen

Um Erfolg zu haben, müssen wir lernen, unsere Probleme schöpferisch zu lösen. Und das kann jeder von uns lernen. Wir haben die Kraft, diese zu bewältigen. Der positiv denkende Mensch läßt sich durch Probleme weder verwirren noch aus der Ruhe bringen, denn er weiß, daß er das Zeug zur Lösung jedes Problems hat.

Wenn ein Problem auftaucht, so denkt man gewöhnlich, man habe es mit etwas zu tun, das schon an sich schlecht sei, und will es so rasch wie möglich beiseite schaffen. Doch das ist grundfalsch, denn ein Problem kann schon an sich gut sein und ist es zumeist auch. Wenn Gott Sie zu etwas Wertvollem macht, wie stellt er es dabei an? Umwickelt er diese gute Sache mit feinstem Geschenkpapier, und überreicht er sie Ihnen auf dem Silbertablett? Natürlich nicht. Er geht viel feiner und raffinierter vor. Die Methode, deren Gott sich bedient, ist überaus ausgeklügelt. Er versteckt diese wertvolle Sache in einem großen Problem. Und wenn Sie intelligent genug sind, dies zu wissen und das Problem zu knacken, so erhalten Sie einen großen Preis: eine Perle, die in jedem Problem verborgen ist. Der positiv denkende Mensch weiß, daß Probleme ihre Lösung schon in sich bergen; und doch scheint es, daß die Menschen von Problemen nur eine unklare Vorstellung haben. Es ist, als sagten sie: »Wie herrlich wäre doch das Leben, wenn wir weniger oder zumindest einfachere oder am liebsten gar keine Probleme hätten!« Deshalb frage ich Sie: Ginge es Ihnen besser, wenn Sie weniger Probleme oder einfachere Probleme oder gar keine Probleme hätten? Lassen Sie mich diese Frage beantworten, indem ich Ihnen von einem Erlebnis berichte. Auf einem Spaziergang auf der Fifth Avenue in New York, wo ich lebe, kam George, einer meiner Freunde, auf mich zu. Seinem melancholischen und unglücklichen Ausdruck nach schien er ob des menschlichen Daseins nicht eben in alles überströmender Ekstase zu sein. Etwas weniger fein und beschönigend ausge-

drückt: George war am Boden zerstört und völlig geknickt.
Dies erweckte in mir natürlich Mitgefühl. Deshalb frage ich ihn, wie es ihm gehe. Das war natürlich bloß eine Routinefrage. Sie zu stellen war aber ein Fehler, denn George faßte sie ernsthaft auf und klärte mich während rund einer Viertelstunde peinlich genau darüber auf, wie miserabel er sich fühle. Je länger er sprach, desto schlechter wurde mir. Schließlich unterbrach ich seinen düsteren Monolog, indem ich meinem Mitgefühl Ausdruck verlieh, ihn in einer derart deprimierten Verfassung anzutreffen. Ich fragte ihn: »Was hat dich dazu gebracht?«
Das brachte ihn wieder in Fahrt. »Die Probleme sind es«, erwiderte er, »nichts als Probleme. Diese Probleme hängen mir zum Hals heraus.« Er war derart verzweifelt, daß er immer wieder über diese Probleme herzog und sich dabei – sagen wir einmal so – nicht eben christlicher Ausdrücke bediente. Doch ich wußte, was er damit sagen wollte, denn er besaß – wie es die besonders Gebildeten nennen – ein ausgesprochenes Kommunikationspotential.
»George«, sagte ich, »ich möchte dir behilflich sein. Was kann ich für dich tun?«

»Für mich tun?« entgegnete er. »Schaff mir diese Probleme vom Hals, oder sag mir, wie ich sie los werde, denn ich hab' die Nase voll!«

»Schön«, erwiderte ich, »gehen wir der Sache auf den Grund. Du willst deine schwierigsten Probleme loswerden oder womöglich alle deine Probleme. Aber mein lieber George, du bittest mich doch nicht im Ernst, dich von allen Problemen zu befreien?« Darauf antwortete er: »Ich will alle meine Probleme loswerden.«

Wenn dem so sei, sagte ich ihm, dann hätte ich die einzig richtige Antwort für ihn: »George, kürzlich war ich oben in Bronx, in einer geschäftlichen Angelegenheit, wenn man dem so sagen kann. Dort war ich an einem Ort, an dem – wie mir der Verantwortliche sagte – rund 100 000 Menschen sind, von denen kein einziger ein Problem hat.« Auf Georges Gesicht war ein Anflug von Begeisterung zu sehen: »Mensch, das ist was für mich; führ mich bitte zu diesem Ort!« – »Wenn du willst«, sagte ich. »Du hast danach gefragt. Also bitte: Jener Ort ist der Woodlan-Friedhof.«

Und das stimmt. In Woodlan hat niemand ein Problem. Aber alle sind tot. Die logische Folge davon ist die: Probleme sind Lebenszeichen. Je mehr Probleme Sie haben, desto mehr leben Sie. Ein Mensch, der sich zum Beispiel mit zehn riesigen Problemen herumschlägt, lebt doppelt so intensiv wie ein erbarmenswerter, apathischer Mensch, der sich mit nur fünf Problemen befassen muß. Logischerweise folgt daraus, daß Sie vorsichtig sein müssen und in großer Gefahr sind, wenn Sie überhaupt keine Probleme haben. Dann sind Sie nämlich nicht mehr auf dem richtigen Weg. Daher tun Sie gut daran, zum Beispiel das folgende Gebet zu beten: »Herr, vertraust du mir nicht mehr? Gib mir ein paar Probleme.« Man wundert sich natürlich, warum es im Leben ohne Probleme nicht geht; denn jeder Mensch hat ja welche. Vielleicht, weil sie die Menschen stark machen. Wer körperlich stark werden will, muß seine Muskeln trainieren. Dies geschieht, indem man ihnen Druck und Widerstand entgegensetzt. Und wenn wir an Geist und Seele stark werden wollen, so müssen wir genau gleich auf Widerstand und Schwierigkeiten stoßen. So wird der Mensch stark. Wer positiv denkt, meistert diese Schwierigkeiten mit Erfolg, denn er weiß, daß der Plus-Faktor, den er in seinem Innersten besitzt, jeder Schwierigkeit gewachsen ist, und sei sie

noch so groß. Der positiv denkende Mensch ist unerschrocken und zuversichtlich, und er strahlt gesundes Selbstvertrauen und Selbstsicherheit aus. Denn er glaubt an sich und weiß, was er braucht, um alle Probleme zu überwinden, sie zu lösen und in Erfolge umzumünzen oder – wenn es anders nicht geht – mit ihnen zu leben.

Ein wichtiger Schritt beim Lösen von Problemen besteht daher darin, das Problem als Chance zu betrachten, nämlich als Chance zu lernen und als Förderung der Selbstdisziplin; ebensosehr sollten wir uns aber bewußt werden, daß Probleme nur für lebende Menschen da sind. Schließlich kommt noch eine weitere Tatsache hinzu: Wenn Sie sich einem gewaltigen Problem gegenübersehen, so denken Sie daran, daß es für Sie eine Herausforderung darstellt. In diesem Sinne handelte zum Beispiel mein Freund Joe Rutland. Er schlug sich mit Ach und Krach durchs Leben und versuchte, mit seinem kleinen Einkommen über die Runden zu kommen. Damals hatte er vom Prinzip des positiven Denkens noch nie etwas gehört. Als er es aber kennengelernt hatte, studierte er es genau, bis er auf seinem Lebensweg die Möglichkeiten sah und nicht mehr die Straßensperren. Er hatte sich vorgenommen, ein Herrenbekleidungsgeschäft zu eröffnen. Doch wie, wo und wann – das waren die Fragen, denen er sich gegenübersah. Joe hatte einige hervorragende Eigenschaften. Eine davon war sein starker Glauben. Er war davon überzeugt, geleitet und unterstützt zu werden. Er besaß den unerschütterlichen Willen, anderen zu helfen, und glaubte an ethische Grundsätze – mit dem Ergebnis, daß ein Bankier fand, in Joe zu investieren sei eine gute Kapitalanlage.

Er schaute sich nach einem erschwinglichen Ladenlokal um. Alles, was er fand, war ein leeres Ladenlokal auf Gehsteighöhe in einer Seitenstraße, abseits vom Passantenverkehr. Das Beste aber war, daß in diesem Laden zuvor drei Herrenbekleidungsgeschäfte nacheinander Konkurs gemacht hatten. Ein verlassener, unattraktiver Ort! Alle sagten, er sei verhext., Dort könne niemand Erfolg haben. Das war Joes Problem. Als vom positiven Glauben beseelter Mensch war Joe mit den Grundsätzen des Erfolgs bestens vertraut. Er glaubte an die sechs Worte, welche eine starke Erfolgsformel ausmachen: »Ein Bedürfnis finden und es befriedigen.«

Er wußte, daß ein neues Herrenbekleidungsgeschäft

in dieser Gegend notwendig war, um die ständig wachsende Bevölkerung zu bedienen. In dieses Geschäft wollte er daher einsteigen. Er glaubte an den Wert und den Sinn des Kundendienstes. Zudem war er davon überzeugt, daß der einzige Fluch, der auf diesem Lokal lastete, in dem drei Vorgänger Konkurs gegangen waren, im – wie er selbst sagte – »Fehlen einer glücklichen, offenen und positiven Haltung der damaligen drei Geschäftsinhaber« gelegen hatte.

Er mietete das Lokal, strich es weiß und fügte ein paar attraktive Farben dazu. Seine qualitativ gute, aber preiswerte Ware stellte er geschickt aus. Er engagierte einige Verkäufer, die wie er begeisternde, positiv denkende Menschen waren. Sie sahen sich nicht als bloße Auftragsempfänger, sondern echte Verkäufer. Wenn ein Mann in den Laden kam, um ein Hemd zu kaufen, und erzählte, daß sein Koffer auf einem Flug verlorengegangen sei, so verkauften sie ihm nicht nur ein Hemd, sondern rüsteten ihn wieder vollständig aus. Diese Verkäufer füllten den Laden buchstäblich mit Glück und positivem Denken, indem sie jeden Kunden als König behandelten. Das Ergebnis war, daß die Menschen in Scharen kamen und Joe schließlich in der ganzen Stadt weitere Läden eröffnete. Er war überzeugt, daß sämtliche Probleme vor dem Glauben und einer positiven Einstellung weichen müssen.

Welches auch das Problem ist, das Sie beschäftigt, während Sie dieses Buch lesen, Sie können es meistern und erfolgreich bewältigen, indem Sie einige wenige Grundsätze befolgen:

1. Haben Sie keine Angst.
2. Nehmen Sie nicht die hoffnungslos negative Haltung ein, wonach es keine Lösung gebe.
3. Geben Sie nie auf.

Statt wegen eines Problems unnötig Gefühlsduselei zu betreiben, denken Sie, denken Sie, und denken Sie nochmals! Der denkende Mensch findet immer eine Lösung. Setzen Sie zum Denk-Faktor noch den Plus-Faktor hinzu.

Der positiv denkende Mensch glaubt, daß das zuversichtliche Anpacken eines Problems immer zur richtigen Lösung führt. So, wie der positiv denkende Mensch sich mit seinem Geist auf die jeweilige Situation einstimmt, stellt er sich den Erfolg bildhaft vor, und er glaubt, daß er die richtige Antwort findet. Er setzt sich mit der Situation so lange auseinander, bis er die richtige Lösung gefunden hat.

Als ich einst wegen einer Vortragsverpflichtung in einer Stadt des Mittleren Westens weilte, machte ich die Bekanntschaft eines Industriellen, für dessen Produkt landesweit Werbung gemacht wird. Er war Präsident jenes Ausschusses, der den Anlaß organisierte, an dem ich sprechen sollte. In meinem Vortrag ging ich der Frage nach, wie man Probleme löse. Nachher erzählte er mir, daß er selbst ein Problem habe, das ihn allmählich den letzten Nerv koste: »Die meisten meiner Geschäftsprobleme kann ich lösen, dieses aber betrifft meinen minderjährigen Sohn. Er ist wirklich ein Problemkind.« Die Frau des Industriellen war vor wenigen Monaten gestorben. »Sie war eine bemerkenswerte Frau«, fuhr der Mann fort. »Sie konnte mit jedem umgehen, und wenn er noch so schwierig war. Meinen Sohn habe ich bereits in zwei Schulen geschickt. Er hatte stets Probleme mit der Disziplin und wurde hinausgeworfen. Sagen Sie mir doch bitte, was ich mit diesem undisziplinierten Jungen machen soll, damit er nicht ein Versager wird; damit er nicht ein drittes Mal von der Schule fliegt.«

»Beginnen wir damit«, schlug ich vor, »daß wir den Jungen etwas genauer unter die Lupe nehmen. Listen wir einmal seine positiven Eigenschaften auf, und betrachten wir ihn einmal positiv als Menschen.« – »Da gibt es überhaupt keine positiven Eigenschaften«, brummte sein Vater. »Es tut mir leid, das zu sagen, aber für mich ist er schon beinahe ein hundertprozentiger Versager.«

Ich beharrte aber auf meinem Vorschlag, und wir schrieben die guten Seiten des Teenagers auf ein Blatt Papier: äußere Erscheinung, Aufgeschlossenheit, viel Energie, gleicht seiner verstorbenen Mutter usw. »Schön«, sagte ich. »Vielleicht kann man aus dem Jungen etwas machen. Fragt sich nur, wie. Wissen Sie, was? Setzen wir uns doch, und stellen wir uns Ihren Sohn als erfolgreichen Menschen vor! Gleichzeitig wollen wir uns überlegen, wie wir dieses Problem lösen könnten.« Sein Vater war trotz seines Gefühls in dieser besonderen persönlichen Situation zu versagen, ein Mensch mit starkem Willen. Er befolgte die von mir vorgeschlagene Methode.

Plötzlich hatte ich einen Geistesblitz: Der Name des Rektors einer bekannten Schule kam mir in den Sinn. Warum sollte ich ihm meine Idee nicht vortragen? Es war zwar bereits gegen Ende September, und das Schulsemester hatte schon begonnen; aber ich ver-

warf diesen negativen Gedanken und griff zum Telefonhörer.

»Bill«, sagte ich, »es gibt da einen Jungen, der wegen Ungehorsams bereits aus zwei Schulen hinausgeworfen wurde. Niemandem scheint es zu gelingen, ihn dazu zu bringen, daß er sich ordentlich aufführt. Wenn es je ein Problemkind gegeben hat, so diesen Jungen.«

»Problemkind?« erwiderte Bill. »Es gibt kein solches Tier. Es gibt Jungen mit Problemen, aber diese Probleme können immer gelöst werden. Ich nehme an, daß ich mich seiner annehmen soll. Unsere Schule ist zwar derart voll, daß uns die Schüler aus den Fenstern hinausquellen. Doch die Geschichte dieses Jungen hört sich gut an; schick ihn mir also.« Daß Bill an Kinder glaubt, braucht hier eigentlich nicht noch besonders erwähnt zu werden. Es genügt zu sagen, daß er mit diesem Jungen umzugehen wußte und daß dieser später die Schule als einer der Besten der Klasse verließ. Auch in der Mittelschule schlug er sich gut. Einige Jahre später fuhr ich in eine bestimmte Stadt, um am Jahresbankett der Handelskammer eine Rede zu halten. Und, was glauben Sie, wer war der Präsident dieser wichtigen Organisation? Jawohl, es war das einstige Problemkind. Der Bürgermeister dieser Stadt, der neben mir saß, zeigte auf ihn und sagte mir: »Er ist der beste Bürger, den wir in der Stadt haben.«

Glauben Sie also, daß Ihre Probleme gelöst werden können, und zwar richtig! Versuchen Sie nicht, sie gefühlsmäßig zu bewältigen! Denken Sie vielmehr objektiv und emotionslos nach, bis Sie die richtige Antwort finden. Zweifeln Sie nie daran, daß Sie die Kraft besitzen, um jedes Problem zu bewältigen.

Diese Kraft reicht aus, um selbst die schwierigsten Probleme zu lösen. Wie zum Beispiel das jener Kellnerin mittleren Alters, die ich in der Cafeteria eines Motels traf. Sie war eine sehr glückliche Frau. Wie sie mir sagte, gab ihr der Glaube dieses Glück. »Gott ist es zu verdanken, daß in meiner Familie alles gutgeht«, erklärte sie und fügte hinzu: »So groß wie ein Berg war unsere Sorge. Doch in der Heiligen Schrift fand ich ein Wort, das mein Leben, das meines Mannes und meiner Familie veränderte. Es war diese Stelle in Lukas 9: ›Er rief aber die Zwölf zusammen und gab ihnen Macht und Gewalt über alle Dämonen …‹ Mein Dämon war die Armut. Diese Armut hat mich völlig trübsinnig gemacht. Ihretwegen war ich voll von Ressentiments und Haß. Dann aber fand ich Gott, und er hat mich und meinen Mann von all dem seelischen und geistigen Unrat befreit. Als wir ihn dann los waren, entdeckten wir, daß wir denken konnten. Wir kamen auf die Idee, ein kleines Geschäft aufzutun. Heute sind wir nicht mehr arm. Wir haben geglaubt, gedacht und uns den Weg zu einem besseren Leben geschaffen.« So sprach eine ungewöhnliche Frau, die entdeckte, daß sie die Kraft besaß, ein Problem zu bewältigen.

Die Macht der Vorstellungskraft

Er wischte dürre Blätter zusammen, als ich meinen Golfball weit wegschlug. Höflich machte er den Ball für mich aus und sagte dann eher zögernd: »Ich komme nirgendwohin. Darf ich mit Ihnen einmal sprechen?« Er war ein netter, jung aussehender Mann, den ich sofort mochte. »Einmal kommt vielleicht nie«, erwiderte ich, »treffen wir uns doch beim 18. Loch; dort können wir ein paar Minuten sprechen.«

»Ich warte auf Sie.« Mir gefiel die aufgeweckte Art, wie er dies sagte. Dort wartete er auf mich, und wir setzten uns auf eine Bank. »Was geht in Ihnen vor?« fragte ich. »Und wie heißen Sie?« – »Harry«, gab er zurück, »ich möchte es zu etwas bringen.« – »Zu was denn?« fragte ich ihn. Er schaute mich erstaunt an. »Zu was?« wiederholte er. »Ich weiß es nicht genau.

Alles, was ich weiß, ist, daß ich mit dem, was ich jetzt bin, nicht zufrieden bin. Ich möchte es zu etwas bringen.« – »Und wann wollen Sie das sein, was Sie sein möchten?« fragte ich ihn. Er schaute mich wieder erstaunt an. Wie mir schien, war in seinem Gesicht jetzt auch ein Anflug von leichtem Verdruß zu sehen. »Wann, wann! Ich weiß nicht, wann. Irgendwann einmal, nehme ich an.« – »Und was tun Sie jetzt wohl am besten?« fragte ich ihn. »Welches sind Ihre Fähigkeiten?« Auf diese Frage antwortete er ausweichend: Er wußte schlicht und einfach nicht, was zu tun war. Daraufhin fragte ich ihn: »Wenn Sie sich etwas wünschen könnten, das Sie wirklich haben möchten, was wäre es?«

Er kaute an einem Grashalm und dachte nach. »Nein, ich weiß wirklich nicht, was ich will. Und was das Ziel betrifft, so muß ich zugeben, daß ich keines habe.«

»Harry, Ihre Situation sieht für mich so aus: Sie sagen, daß Sie es zu etwas bringen wollen, wissen aber nicht, zu was. Und Sie wissen auch nicht, wann Sie es sein wollen. Zudem haben Sie keine Ahnung, was Sie jetzt am besten tun sollen, und Sie haben keine Vorstellung davon, was Sie vom Leben erwarten.« Er nickte verdrossen. »Harry, Sie müssen sich konzentrieren und sich entscheiden. Wissen Sie, was? Kommen Sie heute in zwei Wochen in mein Büro. In der Zwischenzeit denken Sie scharf nach und legen Ihr Ziel fest. Erstellen Sie zudem einen Terminplan: Kommen Sie dann gut vorbereitet zu mir, sagen Sie mir, wohin Sie genau gelangen wollen und wann Sie Ihr Ziel erreichen möchten. Denken Sie über Ihre Fähigkeiten nach, und überlegen Sie sich, was Sie am allerliebsten täten.« Ich empfahl ihm, sich die Ergebnisse in Stichworten auf einen Karton im Postkartenformat zu notieren.

Harry erschien pünktlich, nahm eine Karte aus seiner Tasche und legte sie auf mein Pult. Darauf stand:

1. In unserer Fabrik Vorarbeiter werden.
2. In fünf Jahren von diesem Monat an (zum Zeitpunkt, da Herr X pensioniert wird) stellvertretender Bereichsleiter sein.
3. Meine größte Fähigkeit besteht im Umgang mit anderen Menschen.
4. Ich will Manager werden.

»Harry«, rief ich, »Sie sind auf dem besten Weg dazu! Stecken Sie diese Karte jetzt in die Brusttasche Ihres Hemdes, und tragen Sie sie auf dem Herzen, damit

Ihre rationale Entscheidung durch die Kraft des Glaubens und des Gefühls unterstützt wird. Wenn Sie mit Kopf und Herz daran arbeiten, dorthin zu gelangen, wo Sie hinkommen möchten, so kommen Sie auch dorthin.« Und genau das tat er in der Folgezeit und bewies damit, daß jeder Mensch, der sich mit Entschlossenheit für ein Ziel einsetzt, dieses Ziel auch erreicht. Das klingt natürlich einfacher, als es ist. Dieser junge Mann mußte wirklich scharf und unerbittlich nachdenken, und es gab viele Augenblicke des Zweifels. Er trug aber seine Karte tagtäglich in der Hemdentasche, bis – wie er selbst sagte – »ich die verschiedenen Punkte im Kopf hatte«. Diese Geschichte zeigt, daß ein Mensch, der hartnäckig und mit Entschlossenheit auf sein Ziel zugeht und einen Terminplan erstellt und diesen auch einhält, sein Ziel tatsächlich erreicht.

Den Ratschlägen, die ich dem jungen Mann gab, möchte ich noch beifügen, daß es beim Festlegen, wann und wo man sein Ziel erreichen will, sehr wichtig ist zu beten. Warum? Um zu erkennen, ob ein Ziel richtig ist; denn wenn es nicht richtig ist, so ist es wahrscheinlich falsch, und etwas, das nicht richtig ist, kommt langfristig nie recht heraus. Wie die Geschichte, die wir vorhin erzählten, zeigt, haben wir ein mächtiges Erfolgsprinzip angewandt: die positive Vorstellung. In uns Menschen schlummert zutiefst die Neigung, letztlich genau das zu werden, was wir uns über lange Zeit hinweg vorgestellt haben. Ein geistiges Gesetz sagt, daß die grundlegende Vorstellung, die wir von uns schaffen und haben, dazu neigt, Tatsache zu werden.

Wenn Sie sich zum Beispiel ständig als unfähigen Menschen vorstellen, so treffen Sie tatsächlich den Entscheid, so zu sein, wie Sie es sich einbilden. Wenn Sie ein negatives Eigenbild im Bewußtsein pflegen, dringt es schließlich in Ihr Unbewußtsein ein. Und wenn dieses schlechte Eigenbild am Ende dann das Unbewußtsein durchdrungen hat, wird Ihre Persönlichkeit so, wie Sie sie sich vorgestellt haben. Denn das Unbewußtsein neigt immer sehr stark dazu, den Befehlen zu gehorchen, die ihm das Bewußtsein erteilt. Und da das Unbewußtsein größer und mächtiger als das Bewußtsein ist, gibt es schließlich den Ausschlag. Und von diesem Augenblick an hat es das Sagen. So können wir durch den Prozeß der Vorstellung tatsächlich ein Eigenbild von uns selbst schaffen und bestimmen, ob wir stark oder schwach sind, fähig oder unfähig, erfolgreich oder erfolglos.

Eines Abends hielt ich an der Westküste Amerikas in einer Versammlung eine Rede, deren Thema »Erfolg durch Motivation« hieß. Nachdem ich fertig gesprochen hatte, schüttelte ich vielen Menschen die Hand. Dabei bemerkte ich eine junge Frau, die etwas abseits stand. Nach einiger Zeit bemerkte ich zu ihr: »Möchten Sie mir die Hand geben? Wenn ja, so kommen Sie doch bitte näher.«

»Ach, wissen Sie, ich bin niemand«, sagte sie, indem sie zögernd auf mich zukam. »Ich kann mir nicht vorstellen, daß Sie Wert darauf legen, mir die Hand zu geben.«

»Würden Sie bitte warten, bis ich alle diese Leute begrüßt habe«, bat ich sie, »ich möchte mit Ihnen ein paar Worte wechseln.« Überrascht nickte sie, trat zur Seite und wartete. Nach einer Weile ging ich auf sie zu und sagte: »So, Frau Niemand.« – »Wie haben Sie zu mir gesagt?« fragte sie. »So, wie Sie sich selber bezeichnen«, gab ich zurück. »Als niemand. Und das«, fügte ich hinzu, »hat mich sehr überrascht, denn Sie sind eine gutaussehende Frau, die auf mich überhaupt nicht wie ein Niemand wirkt.« Darauf erklärte

sie mir, daß sie ihrer Ansicht nach zu überhaupt nichts tauge; sie sei so ziemlich ein Versager. »Ich bin furchtbar schüchtern«, sagte sie, »wahrscheinlich habe ich einen großen Minderwertigkeitskomplex.« Dabei lächelte sie scheu und nachdenklich. Dieses Lächeln machte sie richtig schön.
»Dieses Lächeln«, sagte ich, »ist umwerfend. Wissen Sie, was? Wir malen ein Bild von Ihnen. Sie haben ein herrliches Lächeln. Sie sind eine hübsche, gepflegte Frau. Ihre klaren Augen lassen auf Intelligenz schließen; und zudem haben Sie offensichtlich zahlreiche Fähigkeiten. Wenn Sie all diese Pluspunkte durch positive Kräfte untermauern, können Sie sich weiß Gott sehen lassen. Sie können das sein, was Sie sein möchten. Was wollen Sie denn genau sein?« fragte ich sie. Ihre Antwort kam spontan: »Im Immobilienhandel erfolgreich sein. Ich zeige den Menschen gerne Häuser. Aber wenn ich dann einen Vertrag abschließen will, versage ich regelmäßig.«
»Nun gut, junge Frau. Wer hat Sie erschaffen?« fragte ich.
»Ich nehme an, Gott.«
»Da gibt's nichts anzunehmen«, sagte ich. »Hat er denn je etwas schlecht gemacht?« Ich schlug ihr vor,

sich jeden Morgen und Abend vor dem Spiegel in die Augen zu sehen und sich laut die Wahrheit zu sagen. Nämlich: »Ich bin jemand. Gott hat mich zu jemandem gemacht!« Und jeden Tag solle sie sich das Bild einer sachverständigen und erfolgreichen Immobilienhändlerin vor Augen halten. »Machen Sie das, und Sie werden so, wie Sie sich selber sehen.«

Schließlich mußte sie lachen. Dabei spürte ich, daß eine große Kraft von ihr ausging.

Einige Jahre später sprach ich vor der nationalen Immobilienhändler-Tagung. Als ich zum Saal ging, in dem die Versammlung stattfand, tauchte plötzlich eine attraktive junge Dame auf und ergriff meine Hand. »Erinnern Sie sich noch an mich?« fragte sie. Das war nicht der Fall, denn ich treffe immer so viele Menschen an, daß ich mich beim besten Willen nicht an jedes Gesicht erinnern kann. Aber irgendwie kam sie mir bekannt vor. »Ich bin Jemand. Ich habe Ihren Ratschlag befolgt. Es funktioniert! Es funktioniert!«

Natürlich funktioniert die Kraft der positiven Vorstellung. Sie ist ein geistiges Gesetz. Und es funktioniert wie jedes andere Gesetz, wenn man danach lebt. Wenn man daran nicht glaubt oder es nicht versucht, funktioniert es natürlich nicht. Falls Sie also ein negativ denkender Mensch sind, so haben Sie eine ganze Menge zu tun, um jene alten, negativen Gewohnheiten abzulegen. Dies nimmt einige Zeit in Anspruch und erfordert Anstrengung und auch Geduld. Aber wenn Sie wirklich wollen, daß das positive Denken und die positive Vorstellungskraft für Sie arbeiten und Ihre Karriere fördern, so stellen sich die erhofften Ergebnisse ein, sofern Sie diese positiven Prinzipien befolgen.

Und wie wissen Sie, ob die Sache mit der positiven Vorstellungskraft wirklich funktioniert? Indem Sie die Probe aufs Exempel machen. Dieser Test hat bei mir geklappt.

Früher war ich so voller Zweifel, wie ein Mensch nur sein kann. Ich hatte damals die Idee, eine religiöse Zeitschrift herauszugeben. Die Mittel, die ich zur Verfügung hatte, waren spärlich. Wer heute auf nationaler Ebene eine Zeitschrift herausgeben will, benötigt mehrere Millionen Dollar. So sagt man wenigstens. Ich aber konnte nur 7500 Dollar zusammenkratzen. Mit dieser Summe kamen wir auf eine beglaubigte Zahl von 40 000 zahlenden Abonnenten. Aber die Einnahmen waren entschieden niedriger als die Kosten, und wir waren an dem Punkt angelangt, wo wir das Projekt aufgeben mußten.

In dieser Krisenzeit berief ich eine Aufsichtsratssitzung ein; darüber hinaus lud ich eine Frau ein, die unserem Startkapital 2500 Dollar beigefügt hatte. Ich hoffte, daß – wie man so schön sagt – der Blitz zweimal am gleichen Ort einschlagen würde. Aber sie erklärte: »Ich bin nicht bereit, Ihnen noch mehr Geld zu geben; aber ich gebe Ihnen etwas, das viel wichtiger als Geld ist. Ich gebe Ihnen eine Idee, eine gewaltige, dynamische Idee. Mit dieser Idee kommen Sie zu den erforderlichen Finanzen und zu einem erfolgreichen Verlagsunternehmen.«

In jenem Moment lernte ich eine der wichtigsten Tatsachen in meinem Leben kennen: das Gesetz der positiven Vorstellung. »So, und jetzt«, sagte sie, »schauen wir uns, was Ihr Magazin angeht, die Tatsachen an. Alles fehlt Ihnen: Geld, Abonnenten, Know-how, Ausrüstung, einfach alles. Wissen Sie, weshalb Ihnen all das fehlt? Ich kann es Ihnen schon sagen. Sie haben ständig an das gedacht, was Ihnen fehlt. Sie haben sich dauernd das Fehlende vorgestellt mit dem Ergebnis, daß Sie eine Situation geschaffen haben, in der Ihnen alles fehlt.« – »Schön, das kaufe ich Ihnen

ab. Doch was tun wir jetzt?« – »Sagen Sie diesen Mißerfolg bringenden Gedanken, sie sollen aus Ihrem Kopf verschwinden«, erwiderte sie. »Jagen Sie sie fort, und zwar gleich jetzt. Verjagen Sie alle diese Gedanken!«

Als Ergebnis ihrer deutlichen und überzeugenden Anweisung verjagten wir alle diese Gedanken, die unsere Einstellung beherrscht hatten, entschlossen und bewußt aus unseren Köpfen. Dann ließ diese Frau eine der intelligentesten Bemerkungen fallen, die ich je gehört habe. Sie sagte uns, daß diese negativen Gedanken versuchen würden, wieder in unsere Köpfe einzudringen, in denen sie so gastfreundlich bewirtet worden waren. Und wir, die wir uns so lange Zeit alles Fehlende gedacht und vorgestellt hatten, würden dazu neigen, diese Gedanken wieder in unsere Köpfe hereinzulassen. Die Frau erklärte uns, daß die einzige Möglichkeit, diese Gedanken ein für allemal zu vertreiben, in einem Ersatz bestehe, indem wir eine andere, stärkere Gedankenstruktur in uns aufnähmen.

Sie wandte sich wieder mir zu: »Befehlen Sie Ihrem Geist, er solle sich die Zahl der Abonnenten vorstellen, die Sie brauchen, um den Fortbestand des Magazins zu gewährleisten.« (Dies waren – wie ich ihr sagte – 100 000 Abonnenten.) »Also gut, stellen Sie sich 100 000 zahlende Abonnenten vor, stellen Sie sie sich buchstäblich vor: Üben Sie sich in der positiven Vorstellungskraft!« Wie sie dies sagte, blickte ich sie an, und in diesem Augenblick schoß mir der Satz »Der verzückte Blick des Gläubigen« durch den Kopf.

In jenem Augenblick sah ich tatsächlich meine 100 000 Abonnenten. Ganz aufgeregt stand ich auf. »Ich sehe sie! Ich sehe sie!« rief ich. Auch die Frau stand auf und sagte: »Jetzt, da wir sie sehen, haben wir sie.«

Von jener Minute an kam der Erfolg. Wir stellten uns nicht mehr das vor, was fehlte, sondern den Überfluß, mit der Folge, daß unser Magazin heute 4 217 000 zahlende Abonnenten hat. Und nach der Faustregel, wonach man die Zahl der Abonnenten mal vier rechnen muß, wenn man die effektive Zahl der Leser ermitteln will, haben wir rund 16 Millionen Leser pro Monat. Damit ist unser Magazin zur vierzehntgrößten Zeitschrift Amerikas geworden und das am meisten gelesene religiöse Publikationsorgan in der Geschichte der amerikanischen Presse.

Ich erzähle diese Geschichte, um die großartige Tatsache zu untermauern, wonach kein Mensch je zum Mißerfolg bestimmt ist. Wählen Sie ein Ziel aus, und stellen Sie es sich dann vor. Halten Sie dieses Bild fest vor dem geistigen Auge. Setzen Sie sich mit allen Kräften für dieses Ziel ein, und Sie werden ein Mehrfaches erhalten. Indem Sie dies glauben, werden Sie Ihr Ziel tatsächlich erreichen.

Fachen Sie das Feuer der Begeisterung an

Das Leben ist nicht immer eitel Freude und schon gar nicht mühelos! Es gibt viele harte Zeiten. Aber leider erdrücken wir unsere Begeisterung dadurch allzuoft. Und das ist gefährlich, wenn nicht sogar tödlich für unser Leben.

Begeisterung zählt zu einer der Lebenskräfte, die erfolgreich glaubende Menschen im Überfluß besitzen. Wir verwenden sie bei unseren Verpflichtungen, beim beruflichen Erfolg und beim Lösen unserer täglichen Probleme.

Wir sind von Natur aus mit Begeisterung versehen. Sie ist uns angeboren wie das Lachen und das Schmunzeln. Das Wort *Begeisterung*, fremdwörtlich *Enthusiasmus*, stammt von zwei altgriechischen Wörtern ab: von *en* und *theos*, was *in Gott* oder *mit Gott* bedeutet.

Enthusiasmus … entheo … mit Gott.
Wenn ein Mensch begeistert ist, lebt er rundum auf. Er wird scharfsinniger und einfühlsamer. Die ganze Lebenskraft und die Fähigkeit, schöpferisch zu handeln, nehmen zu. Ein solcher Mensch ist motiviert und setzt sich durch.
Der Philosoph A. B. Zu Tavern schrieb: »Bevor Wasser Dampf erzeugen kann, muß es kochen. Eine Maschine dreht sich erst dann, wenn der Druckmesser 53° C anzeigt. Ein begeisterungsloser Mensch versucht, sein Leben mit handwarmem Wasser in Gang zu halten. Dabei geschieht nur eines: Er bleibt stehen. Denken Sie daran: Begeisterung ist die Elektrizität in der Batterie. Sie ist die Kraft, die der Luft innewohnt; sie ist die Hitze des Feuers; sie ist der Atem jeglichen Lebens. Der erfolgreiche Mensch ist von Begeisterung erfüllt. Etwas Gutes wird nie kaltblütig erreicht. Es braucht Wärme, um etwas zustande zu bringen. Jede Errungenschaft entstand aus einem warmen, weiten Herzen.«
Wenn ich an all die neuen Entwicklungen der vergangenen Jahre denke, so stelle ich fest, daß sie jedesmal von einem begeisterten Menschen bewirkt worden sind.

So zum Beispiel Bill Bowerman, der weltberühmte Leichtathletik-Coach der Universität von Oregon. Von 1948 bis 1973 erlangten seine Mannschaften zwei NCAA-Titel, waren zweifache Preisträger, blieben während zehn Spielzeiten bei Ausscheidungswettbewerben ungeschlagen und waren während 16 Jahren unter den ersten zehn des Landes. 1971 wurde er von der amerikanischen *Track Coaches Association* zum Coach des Jahres ernannt.

Wer ihn kannte, wußte, daß er ein von Begeisterung erfüllter Mann war. In seinem Leben gab es aber eine Zeit, zu der sich seine Begeisterung wie Dampf aus einem undichten Kessel hätte verflüchtigen können.

Mitten in den fünfziger Jahren machte er sich über die Rennschuhe, die seine Mannschaftsmitglieder tragen mußten, ernsthafte Gedanken. Damals hatten die Sprinter keine große Wahl, was das Schuhmaterial anging. Deshalb hatten viele von ihnen Schienbeinverletzungen, Fußschmerzen, Wadenkrämpfe, Knie- und Rückenverletzungen.

Indem Bill den Menschen zuschaute, wie sie rannten, wurde ihm klar, daß ein neuer Rennschuh erforderlich war; ein Schuh mit einem höheren Absatz, der besser stützt, und mit leichter Sohle, die besseren Halt und Griff verleiht.

Abends, wenn seine Frau den Abwasch besorgte und seine drei Jungen ihre Hausaufgaben machten, saß er am Küchentisch und entwarf einen Schuh, der ihm geeignet zu sein schien. Als er mit seinem Entwurf zufrieden war, sandte er ihn führenden Sportartikelherstellern zu. Alle winkten ab. Die einen fanden das geplante Modell zu riskant, die anderen befanden, sie hätten bereits hervorragende Produkte; ein Hersteller teilte ihm schnoddrig mit, daß, da er ihm schließlich auch nicht vorschreibe, wie man eine Mannschaft betreue, er ihm auch nicht vorschreiben müsse, wie man Rennschuhe herstelle.

Nach dieser letzten Absage war er entmutigt. Seine Begeisterung, einen neuen Rennschuh zu entwickeln, war weg. Aber nach ein paar Tagen, als er neue Mannschaftsmitglieder anfeuerte, sagte er: »Ich will, daß ihr das Beste gebt – nicht unbedingt wegen des Preisgeldes, sondern vor allem um zu sehen, wozu der Versuch euch verhilft. Siegen heißt, das Beste leisten, das in euch steckt.«

Nachdem er dies gesagt hatte, spürte er, daß er auch sich selbst zugeredet hatte, was Begeisterung vermag.

Er sagte später: »Irgendwie habe ich mich entschlossen, diese Rennschuhe herstellen zu lassen – selbst wenn ich sie selber hätte anfertigen müssen.«
Und genau das tat er.
Mit Hilfe seines Schuhmachers fertigte er aus braunen Einkaufstaschen Modelle an. Dann schnitt er für den Besatz Ziegenleder aus, verstärkte ihn mit Nylon, setzte in die Sohle auswechselbare Spikes ein und festigte alles mit einem starken Klebstoff.
Als die Laufschuhe fertig waren, gab er einem seiner besten Läufer ein Paar davon. Dieser zog sie an, rannte über die Laufbahn und wollte sie gar nicht mehr hergeben, weil er befürchtete, sie nicht wiederzukriegen. Begeistert entwickelte Bill Bowerman weitere neue Modelle, wobei er einmal sogar das Waffeleisen seiner Frau benutzte, um für einen Jogging-Schuh eine Profilsohle herzustellen.
In den frühen sechziger Jahren gründete Bill Bowerman zusammen mit Philip Knight, einem früheren Mannschaftsmitglied und Schnelläufer, seine eigene Firma. Das war der Beginn der berühmten Nike-Rennschuh-Unternehmung.
Im Januar 1988 schrieb Bill Bowerman in unserer Zeitschrift *Guideposts*: »In meinem 76. Altersjahr

verspüre ich noch immer die Herausforderung der Rennen, die gelaufen werden müssen. Mit Nike bin ich nach wie vor beschäftigt. Gegenwärtig betreibe ich auf meiner Farm eine Kleinrinderzucht und wirke bei der Entwicklung von Schuhen für behinderte Menschen mit. Der Gedanke, daß die richtigen Schuhe Behinderten zum Gehen und in gewissen Fällen sogar zum Laufen verhelfen, ist einfach großartig.«

Das nenne ich wahre Begeisterung!

Wenn ich von Begeisterung spreche, so meine ich nicht jene sprühende, übertriebene und oberflächliche Art, sondern vielmehr die positive, starke und kontrollierte Einstellung, die mit Sicherheit sowohl die ruhigen, zurückhaltenden und nachdenklichen Menschen als auch die kräftigen und extrovertierten haben. Es ist so, wie es einst ein kluger Mensch sagte: »Die Welt gehört dem Begeisterten, der sich im Griff hat.«

Ein früherer Präsident der Vereinigten Staaten zählte genau zu den Persönlichkeiten. Er besaß jene Begeisterung, die man vielleicht besser als starken Willen bezeichnet. Er glaubte an etwas und war von jenem Yankeetum erfüllt, das zum Aufbau unseres Landes verholfen hat: Sparsamkeit, Genügsamkeit, harte Arbeit, Ehrlichkeit und Glaube. Dieser Präsident, der von 1872 bis 1933 lebte, war Calvin Coolidge.

Einige mögen spöttisch lächeln, wenn sie diesen Namen hören, denn während der wirtschaftlich schlechten Jahre war er unberechtigter Kritik ausgesetzt. Sie rührte vor allem von seiner zurückhaltenden Art her, zumal er ein lebhafter und entschlossener Mensch war, der für seine *New-England*-Einfachheit und -Offenheit bekannt war. Als Vizepräsident unter Warren Harding (amerikanischer Präsident von 1921 bis 1923) blieb er von den Korruptionsvorwürfen, die gegen die Harding-Regierung erhoben wurden, verschont. Als Harding im August 1923 starb, übernahm er das Präsidialamt. Als er 1924 gewählt wurde, gab ihm das amerikanische Volk starken Rückhalt. Er berief positiv eingestellte Menschen in sein Kabinett, die ihm zu einer wirkungsvollen, managerhaften Regierungstätigkeit verhalfen.

Natürlich war der »stille Cal« ein ruhiger Mensch, aber er war eine Persönlichkeit, in der die Begeisterung mit Überlegenheit gepaart war. Er war einer der wenigen Politiker, die wenig Worte gebrauchten. Seine Reden waren kurz und bündig und sachlich. Er sagte das, was er zu sagen hatte, und nicht mehr. Er

erwarb sich das Wohlwollen vieler Menschen, weil er nicht zuviel redete.
Vor seiner Karriere als Regierungsbeamter war Coolidge Rechtsanwalt in Northampton, Massachusetts. Er hatte im Stadtzentrum sein Büro; sein Haus stand weiter oben auf derselben Straße. Coolidge fuhr nie mit dem Wagen zum Büro; denn das wäre für ihn als sparsamen Mann zu teuer gewesen. Jeden Morgen ging er zur selben Zeit von zu Hause weg zu seinem Büro. Sein Weg führte ihn an einem Haus vorbei, wo sein Freund Hiram wohnte.
Jeden Morgen, wenn Coolidge daherkam, lehnte sich Hiram über den Gartenzaun. Während zwanzig Jahren verlief das alltägliche Gespräch etwa so:
»Morgen, Cal«, sagte Hiram.
»Morgen, Hiram«, sagte Cal.
»Schöner Tag heute«, fügte Hiram hinzu.
»Wirklich ein schöner Tag«, bekräftigte Cal.
Coolidge wurde zum Unterstatthalter, dann zum Gouverneur und letztlich zum Vizepräsidenten der Vereinigten Staaten gewählt. Und schließlich wurde er Präsident. Seit vielen Jahren hatte er Northampton verlassen. Als seine Präsidentschaft beendet war, kehrte er nach Northampton zurück, wo er sich wie-

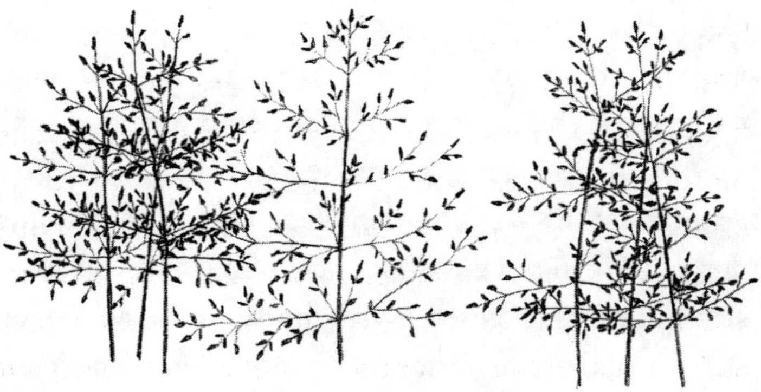

der den Rechtsgeschäften zuwandte. Er staubte die Möbel ab, richtete sein Büro wieder ein und ging eines Morgens von seinem Haus wieder zum Büro. Und unbeirrt lehnte sich sein alter Freund Hiram über den Gartenzaun.

»Morgen, Cal«, sagte Hiram.

»Morgen, Hiram«, sagte Cal.

»Schöner Tag heute«, fügte Hiram hinzu.

»Wirklich ein schöner Tag«, bekräftigte Cal.

Als ob's schon immer so gewesen wäre. Doch dann fielen auch die letzten Schranken zwischen ihnen: Hiram, der schweigsame Mann in *New England*, setzte hinzu: »Hab' dich in letzter Zeit nicht gesehen, Cal.«

»Nee, ich war eine Weile weg«, erwiderte Cal. Die ganze Belastung als Gouverneur und Präsident war vorbei. Er konnte wieder leben. Calvin Coolidge nahm das Leben, wie es kam. Er besaß in seiner ruhigen Art Begeisterung – eine Begeisterung, die tief begründet ist. Er war von den Vereinigten Staaten und der amerikanischen Wesensart begeistert. Er hatte sich für etwas eingesetzt. Was ihn selbst betraf, so hat sich Coolidge nie allzu ernst genommen. Er war ein ruhiger, entspannter, begeisterter Mensch. Die Energie war da, aber er hielt sie unter Kontrolle.

Ein Grund, weshalb ich dieses Buch geschrieben habe, liegt darin, daß ich den unschätzbaren Wert der Begeisterung hervorheben wollte – insbesondere für diejenigen, die ihr Leben lebenswert gestalten möchten. Ich stimme B. C. Forbes zu, der sagte: »Begeisterung ist die entscheidende Antriebskraft im Menschen. Sie ist der Ansporn, der die Menschen zu Höchstleistungen bringt. Sie bewirkt Tatendrang und Mut, bedingungsloses Vertrauen und schafft Zweifel beiseite. Sie erzeugt unendlich viel Kraft und ist so die Quelle allen Schaffens.«

Es ist von großem Übel, wenn man regungslos, unberührt und ohne Begeisterung durchs Leben geht und dauernd in stumpfer Teilnahmslosigkeit verharrt. Leer und abgedreht sein heißt doch nur, daß man sich die herrliche Freude versagt, die einem Menschen in der allzu kurzen Lebenszeit zusteht, welche die meisten von uns haben.

Wir alle können aus der tauben Lethargie herauskommen und mit Schwung leben. Dies erreichen wir, wenn wir innerlich bereit sind, uns zu verändern. Walt Whitman, der unvergeßliche amerikanische Publizist, sagte von sich selbst: »Ich habe nur geköchelt, immer nur geköchelt; Emerson hat mich zum Kochen gebracht.« Welch zutreffende Beschreibung eines begnadeten Menschen, der in Trübsinnigkeit lebte, bis er von der Begeisterung gepackt wurde, die seine in ihm schlummernden Fähigkeiten weckte!

Dies wäre wahrscheinlich die Lösung für die abgedrehten und leeren Menschen unserer Zeit. Sie gestehen, daß sie es finanziell geschafft haben, aber sie fühlen sich ausgehöhlt und unzufrieden und suchen nach dem Sinn des Lebens. Es fällt einem schwer zu begreifen, wie ein lebensbejahender, dynamischer Mensch in der heutigen Zeit, in der selbst die Luft voll von Träumen, Plänen und gewaltigen Ideen zu sein scheint, ohne Begeisterung sein kann. Thoreaus traurige Aussage kommt einem dabei im Zusammenhang mit den Gleichgültigen in den Sinn: »Niemand ist so alt wie der, dessen Begeisterung verlorengegangen ist.«

Um etwas zu erreichen, muß man wirklich begeisternden Glauben haben. Sir Edward Appleton, dessen wissenschaftliche Experimente und Entdeckungen weltweit den Rundfunk ermöglichten und ihn zum Nobelpreisträger machten, wurde einst nach

dem Geheimnis seiner erstaunlichen Errungenschaften gefragt. Seine Antwort kam blitzartig: »Begeisterung.« Darauf sagte er: »Ich schätze die Begeisterung noch höher als berufliches Können ein.« Diese Einschätzung ist verständlich, denn ein Wissenschaftler könnte wohl kaum die Selbstdisziplin aufbringen, die endlose Plackerei auf sich nehmen und die ständigen Enttäuschungen ertragen, die mit der wissenschaftlichen Forschung verbunden sind, wenn er für seine Aufgabe nicht grenzenlose Begeisterung aufbrächte. Die Begeisterung ist die Kraft, die einen beflügelt, bis das Ziel erreicht ist.

Ich erinnere mich, daß Walter Chrysler, der bekannte Industrielle, einst versicherte: »Ein Mensch kann alles erreichen, für das er unbegrenzte Begeisterung aufbringt.« Und da ist natürlich das berühmte, oft zitierte Wort von Ralph Waldo Emerson: »Nichts Großes ist je ohne Begeisterung geschaffen worden.« Wenn der Industrielle und Emerson in bezug auf die Bedeutung der Begeisterung recht hatten, so lautet die nächste Frage logischerweise: »Na schön, wie kommt man denn zu dieser Begeisterung, wenn man schlicht und einfach nicht begeistert ist? Was macht denn einer, der Pech hatte – womöglich gleich mehr als nur einmal – und dem es am Mut fehlt, sich wieder hochzurappeln? Oder was macht ein Mensch, der die Nase voll hat und plötzlich wieder begeistert sein sollte?«

Was würden Sie wohl den Menschen sagen, die mit all den erwähnten negativen Einstellungen zu Ihnen kommen? Hätten Sie irgendwelche Vorschläge? Nun, für mich kein Problem. Da ich Bücher über das positive Denken schreibe, habe ich mit all den zynischen, negativen und allen anderen Einwänden endgültig abgerechnet.

Ich habe einige Antworten parat und will sie in aller Deutlichkeit darlegen. Sie sind bewährt und haben Bestand. Dessen bin ich mir sicher, denn sie haben mir schon mehr als einmal geholfen. Immer wenn enttäuschte Menschen diese Anregungen wirklich befolgten, erlangten sie wieder die alte Kraft. Sie haben ihre Niedergeschlagenheit überwunden und wurden wieder zu begeisterten, motivierten und fröhlichen Menschen.

Meine Anregungen wirken, wenn man sie befolgt. Sie haben bewiesen, daß sie ein Leben verändern können. Wenn Sie ihnen nachleben, so wie es schon andere getan haben, wirken sie sich für Sie in gleichem Maße aus.

Eine Möglichkeit besteht darin, daß Sie ein großes Blatt Papier nehmen. Achten Sie darauf, daß es ein großes Blatt ist, denn Sie werden viel Platz brauchen. Schreiben Sie zunächst Ihre Stärken darauf. Vielleicht sagen Sie jetzt: »Sicher nicht, Dr. Peale, vergessen Sie's. Sie wissen, daß ich dieses Buch lese, weil ich völlig down bin. Ich habe einen Rückschlag nach dem anderen erlebt. Im übrigen, was soll das Ganze überhaupt? Und jetzt wollen Sie, daß ich meine Stärken hinschreibe? Welche denn?«

Ich weiß, wie Ihnen zumute ist; doch warum habe ich wohl viel Zeit darauf verwandt, dieses Buch zu schreiben, wenn ich nicht gedacht hätte, es könnte Ihnen zu einer besseren Lebenseinstellung, zu mehr Kraft und zu einem besseren Leben verhelfen?

Schreiben Sie also Ihre Stärken auf! Numerieren Sie sie! Schauen Sie sich an, wie sie Sie zu einem begeisterten Menschen führen!

1. *Ich lebe. Wenn ich gestorben wäre, könnte ich dies nicht schreiben.*
2. *Ich kann atmen.*

3. *Ich kann gehen.*
4. *Ich kann essen.*
5. *Ich habe ein Dach über dem Kopf.*
6. *Ich kann lesen.*
7. *Ich bin intelligent. Ich weiß es, denn ich kann immer noch denken.*

Dann fahren Sie fort und listen alles auf, was Ihnen in den Sinn kommt. Denken Sie so lange nach, bis Sie auf Stärken kommen, die Ihnen bislang völlig verborgen geblieben sind.

8. *Die Sonne scheint.*
9. *Es regnet. Ist das nicht herrlich? Wir brauchen den Regen.*
10. *Die Sorge, die mich bedrückt, macht mich stärker, wenn ich mich recht besinne, und dann bin ich sie los.*

Sie glauben nicht, daß Sie dies dazu bewegt, Ihre Stärken aufzulisten? Nun denn, lassen Sie mich von einem Mann berichten, der mich einst in völliger Verzweiflung aufsuchte.

Er war wirklich am Boden. Er rief mich von außerhalb der Stadt an und sagte mir, ich sei seine letzte Hoffnung.

Als er bei mir im Büro war, ging er hin und her, ließ sich dann in einen Stuhl fallen und vergrub sein Gesicht hinter den Händen. »Dr. Peale, wirklich freundlich von Ihnen, mich zu einer Zeit zu empfangen, wo alles verloren ist und nichts mehr übrigbleibt.« Ich saß nachdenklich da.

Dann nahm ich ein großes gelbes Blatt und zog durch die Mitte der Länge nach einen Strich. Auf der einen Seite schrieb ich »Stärken« hin, auf der anderen »Schwächen«. »Bei den ›Stärken‹ brauchen Sie nichts hinzuschreiben«, sagte er traurig. »Warten wir's ab«, entgegnete ich. »Es tut mir leid, daß Ihre Frau gestorben ist.«

Erstaunt blickte er auf: »Nein, sie lebt, Gott sei Dank, und ist gesund. Wie kommen Sie bloß auf diesen Gedanken?«

In der Spalte »Stärken« trug ich ein: »Frau nicht tot, sondern am Leben und gesund.« Darauf sagte ich so traurig, wie es mir nur möglich war: »Es tut mir leid zu hören, daß Ihr Haus abgebrannt ist.«

»Wer sagt denn, mein Haus sei abgebrannt? Mein Haus ist absolut intakt.«

In die Spalte »Stärken« trug ich ein: »Haus nicht abgebrannt.«
»Es tut mir leid, daß Ihre Firma pleite ist.«
»Wo nehmen Sie denn all diesen Unsinn her?« fuhr er auf. »Meine Frau soll tot sein? Mein Haus abgebrannt? Meine Firma pleite?«
»Nun, Sie haben mir doch gesagt, alles sei verloren.«
Es ergab sich, daß einige Investitionen sich nicht lohnten und einige geschäftliche Ziele noch nicht erreicht waren. Der Mann hatte sein 50. Lebensjahr überschritten, und düstere Gedanken begannen ihn zu beschleichen. Während langer Zeit hatte er negativ gedacht. Dabei war er ein geachteter Bankier in einer recht großen Stadt.
Er saß nachdenklich da; seine Augen leuchteten auf. »Geben Sie mir bitte dieses Blatt«, sagte er. »Ich war ein Dummkopf. Ich kann die Spalte ›Stärken‹ so ausfüllen, wie Sie es gemacht haben.« Wie wild begann er zu schreiben und führte unter anderem auf: »Zwei gesunde Kinder«, »Freunde«.
Darauf fragte ich ihn: »Sind Sie je zur Kirche gegangen?«
»Jeden Sonntag«, antwortete er.
»Hat's nicht geholfen? Liegt's wohl daran?«

Reumütig gab er es zu. »Vielleicht hätte ich besser getan, mich darauf zu konzentrieren, gläubiger zu sein, wirklich zu leben und mich im Glauben zu stärken.« Er mußte es geschafft haben, denn ich traf ihn nie wieder an; dabei hatte er mir gesagt, er würde wieder auf mich zukommen, wenn es ihm wieder derart schlecht erginge. Zudem erhielt ich mit seinen mit Begeisterung erfüllten Briefen gute Nachrichten.

Um wirklich begeistert zu werden, beginnen Sie mit der Auflistung Ihrer Stärken. Zumindest können Sie eintragen: »Ich lebe« und »Ich kann lesen«. Außerdem brauchen Sie ein bißchen Geld, denn Sie haben schließlich dieses Buch gekauft. Zudem brauchen Sie etwas Glauben – mindestens an mich; denn Sie lesen ja dieses Buch. Und auf etwas können Sie sich verlassen: Ich berichte Ihnen von einer Tatsache – Sie *können* begeistert sein, Sie *können* das Leben bedingungslos bejahen. Sie *können* eine Zukunft haben, Sie *können*, Sie *können*, Sie *können*. Und jetzt sagen Sie zu sich: »Ich kann, ich kann, ich kann.« Und dann sagen Sie sich: »Ich will, ich will, ich will.« *Machen* Sie es, und zwar gleich *jetzt*.

Eine weitere Möglichkeit, zur Begeisterung zu gelangen, besteht im sogenannten »Als-ob-Prinzip«. Als erster hat Professor William James, einer der Pioniere der Psychologie, dieses Prinzip beschrieben. Er lehrte, daß ein Mensch, der eine bessere Denkart erlangen will, so handeln soll, »als ob« er sie besäße, worauf er sie dann wirklich besitze.

Wenn Sie zum Beispiel ein ängstlicher Mensch sind und Ihre Angst verlieren möchten, so handeln Sie, als ob Sie mutig wären. Wenn Sie lange genug nach dem »Als-ob-Prinzip« handeln, bekommen Sie schließlich Mut. Ein anderes Beispiel: Wenn Sie den Eindruck haben, Sie seien ein abweisender Mensch, dabei aber wirklich Zuneigung schenken möchten, dann handeln Sie beharrlich so, als ob Sie es könnten. Indem Sie unablässig so vorgehen, bis Ihnen die Zuneigung gebende Einstellung zur Gewohnheit wird, werden Sie schließlich zum liebevollen Menschen.

Wenn es Ihnen an Begeisterung fehlt, wenn Sie oberflächlich und mürrisch sind oder zu den »Das-ist-doch-egal«-Menschen gehören, so können Sie durch das konsequente Befolgen des »Als-ob-Prinzips« sich wirklich in einen begeisterten Menschen verwandeln. Es ist nun einmal so: Ein über lange Zeit innerlich vorgelebtes Eigenbild wird letztlich Wirklichkeit.

Ich kenne einen jungen Bauernknecht in Illinois, der dies rein zufällig herausgefunden hat. Er war nach Chicago gereist, um dort eine Anstellung und Aufstiegsmöglichkeiten zu finden. Er arbeitete in mehreren Drogerien; aber nichts schien zu gelingen. Schließlich fand er eine Stelle bei einem Drogisten im Süden Chicagos. Doch diese Arbeit schien immer noch nicht sonderlich viel zu versprechen. Er war gelangweilt und kümmerte sich wenig um die Anliegen seines Chefs, der seiner Ansicht nach zu hart mit ihm umging. Letztendlich beschloß er zu kündigen. Aber dann dachte er, daß er so nur seinem Chef, der froh gewesen wäre, ihn wegzuhaben, einen Gefallen täte. Besser wäre es doch, sagte er sich, während einiger Wochen das Beste zu geben und erst dann zu kündigen. Täte es dem Chef dann nicht leid, ihn zu verlieren?

Somit stürzte sich der junge Gehilfe mit Begeisterung in die Arbeit. Doch dann erlebte er eine Überraschung: Bevor er seine Kündigung einreichte, erhielt er vom Besitzer der Drogerie, der von der plötzlichen Arbeitsleistung seines Angestellten beeindruckt war, eine Lohnerhöhung. Der junge Mann bekam immer mehr Freude an seiner Arbeit. Nächtelang studierte er Pharmakologie, und 1901 kaufte er sich seine eigene Drogerie im Süden Chicagos. Sie unterschied sich in keiner Weise von den anderen Drogerien der Stadt.

Unterdessen wurde ihm die Begeisterung zur Gewohnheit. Die Kunden verspürten etwas Besonderes, das nicht im Schaufenster oder auf den Regalen zu sehen war: eine spezielle Einstellung. Jeder Kunde merkte, daß er in der Drogerie der wichtigste Mensch war. Immer mehr Menschen kamen, um bei ihm einzukaufen.

Eines der Hauptanliegen des jungen Drogisten war es, einen in der Umgebung wohnenden Kunden, der telefonisch eine Bestellung aufgab, jederzeit pünktlich zu beliefern.

Während er mit dem Kunden sprach, gab er einem Gehilfen ein Zeichen und wiederholte die Bestellung mit lauter Stimme. Während er den Kunden in Plaudereien verwickelte, eilte der Gehilfe mit der bestellten Ware zur Tür hinaus. Worauf der Kunde das Telefongespräch jeweils abbrach und sagte: »Verzeihung, es läutet an der Tür.« Er staunte dann, daß der Auslieferer mit der bestellten Ware vor der Tür stand.

Die Angestellten wurden von der Begeisterung des

Drogisten angesteckt. Schon kurz darauf eröffnete er eine zweite Drogerie und dann eine dritte. Daraus entstand schließlich eine der erfolgreichsten Drogerieketten der Vereinigten Staaten. Wer war der von Begeisterung erfüllte junge Gründer? Charles R. Walgreen. Sie mögen nun angesichts des »Als-ob-Prinzips« die Stirn runzeln und es als unrealistisch und als Spintisiererei abtun, der irgendein weltfremder Professor nachgesonnen hat, oder es als etwas betrachten, das dem Erfolg einer vor mehr als siebzig Jahren gegründeten Firma dienlich war. Somit stellt sich die Frage, ob dieses Prinzip noch funktioniert. Schauen wir uns an, wie es funktioniert.

Vor kurzem ging ich zu einem der Leiter einer bedeutenden Investmentgesellschaft an der Wallstreet, um eine Angelegenheit auf Gegenseitigkeit beruhender Beteiligung zu besprechen.

Im Vorraum wurde ich vom Assistenten des Geschäftsleiters, einem jungen, gutaussehenden, offensichtlich intelligenten Mann von Anfang Dreißig empfangen. Während ich wartete, kamen wir ins Gespräch. Ich fragte ihn, wie es heute mit den Börsenkursen stehe, worauf er sagte, sie seien leicht gefallen und daß es der Wirtschaft jedoch trotz negativen Ge-

redes gutgehe. Er war überzeugt, daß die Marktentwicklung gut verlaufe.
»Sie sind also zuversichtlich?« sagte ich.
»O ja, das bin ich«, antwortete er. »Unser Land steuert auf große Zeiten zu. Mein Chef ist auch dieser Ansicht.«
Dann kam der Geschäftsleiter zu uns und bat mich in sein Büro. »Es war nett, mit Ihnen zu sprechen«, sagte ich zum jungen Assistenten, als ich das Büro betrat. Als die Tür zugegangen war, sagte ich zum Geschäftsleiter: »Netter Kerl, den Sie da draußen haben. Von den Ängsten der Wallstreet ist er sichtlich nicht befallen. Er ist wirklich ein positiv denkender Mensch.«
Der Geschäftsleiter schaute mich verblüfft an. »Ein positiv denkender Mensch?« sagte er seufzend. »Im Grunde genommen ist er der negativste Kerl, den wir bei uns haben. Ein trübsinniges Menschenwesen.« Er lachte etwas zynisch. »Er muß es wohl auf den Verfasser des Buches *Die Kraft positiven Denkens* abgesehen haben. Vor einer Woche sagte ich ihm, daß ich ihn entlassen müsse, wenn er sich nicht mehr einsetze. Aber er hat eine Familie, und daher will ich ihn nicht rausschmeißen.«

Als ich das Büro verließ, sagte ich zu dem jungen Mann: »Ich habe im Zentrum der Stadt ein Büro. Kommen Sie doch mal bei mir vorbei. Ich möchte mit Ihnen sprechen.«

Ein paar Tage später traf er bei mir ein. Ich riet ihm, auf Begeisterung hinzuarbeiten.

Während des Gesprächs ergab es sich, daß er in einer Familie aufgewachsen war, die es in seiner Jugendzeit sehr schwer hatte. Seine Eltern waren recht negativ eingestellt. Das Haus war voller Niedergeschlagenheit, die sich logischerweise auf den Jungen übertrug.

»Ich habe Ihnen natürlich was vorgemacht«, gestand er ein. »Ich weiß, daß ich Gefahr laufe, meine Stelle zu verlieren, aber ich versuche alles, um sie zu behalten.«

Ich gab ihm einen Klaps auf die Schulter und erzählte ihm vom »Als-ob-Prinzip«. »Machen Sie weiter mit dem, was Sie mir vorgemacht haben«, riet ich ihm. »Lassen Sie alles gelassen raus«, sagte ich lächelnd, »aber übertreiben Sie nicht, sonst wirkt's verlogen.«

Ich freute mich, nach einigen Monaten von meinem Bekannten, welcher der Vorgesetzte dieses jungen Mannes war, eine Nachricht zu erhalten. »Hallo, dieser junge Kerl macht es bestens«, sagte er. »Meiner

Meinung nach ist er auf gutem Weg, einer der bestinformierten Menschen im Busineß zu werden. All das Negative hat er überwunden; offenbar hat er sich meine Verwarnung zu Herzen genommen.«

»Ein Superkerl«, sagte ich dazu. Er hatte sich der Begeisterung zugewandt.

Ein so intelligenter Mensch wie Professor William James, der die Verbindung von Wissenschaft und Pragmatik verkörperte, hätte bestimmt keine Methode vertreten, ohne ihre Tauglichkeit überprüft zu haben. Immer wieder bin ich für das »Als-ob-Prinzip« eingestanden und habe es mit Erfolg angewandt. Ich glaube an seine Brauchbarkeit.

Kürzlich habe ich von einer Dame einen Brief erhalten, der belegt, daß sich ebendiese Grundsätze auf gesundheitliche Probleme und in jeder Hinsicht auf die meisten menschlichen Probleme anwenden lassen.

Lieber Herr Dr. Peale

Vor einigen Monaten mußte ich mich einer schweren Operation unterziehen. Danach fühlte ich mich äußerst schwach und hatte keine Kraft mehr. Ich mochte nicht mehr essen. Jeden Tag zur Arbeit zu gehen, wurde mir immer mehr zur Plage.

Ich war allmählich am Verzweifeln, bis ich Ihre Broschüre Renew Your Energy [Erneuern Sie Ihre Kraft] *las. Sie enthält verschiedene positive Anregungen und ermutigt zur täglichen Andachtsübung. Die Idee hörte sich gut an, aber erst konnte ich damit nichts anfangen. Wenn mich jemand fragte, wie es mir gehe, antwortete ich entweder »Es geht mir soweit gut und ab und an schlecht« oder »Es geht mir nicht so gut, wie ich es mir wünsche«.*

Eines Tages beschloß ich, Ihre Broschüre nochmals zu lesen. Als ich über das, was Sie über die positive Einstellung im Hinblick auf Gesundheit schrieben, nachdachte, mußte ich an einen Freund denken, der zuckerkrank und völlig erblindet ist.

Wenn mich jemand fragte, wie es mir geht, erwiderte ich strahlend: »Es könnte mir nicht besser gehen!« Als ich über meine eigene Lage nachdachte, sagte ich mir – und meinte *es auch – »eigentlich besser« oder »von Stunde zu Stunde besser«.*

»Aber«, sagte ich zu mir, »wenn's so ist, wissen die Menschen ja gar nicht, wie schlecht *es mir ergeht.« Doch dann sagte ich mir: »Was willst du? Mitgefühl oder Heilung?«*

Mit der Zustimmung meines Arztes begann ich, täglich

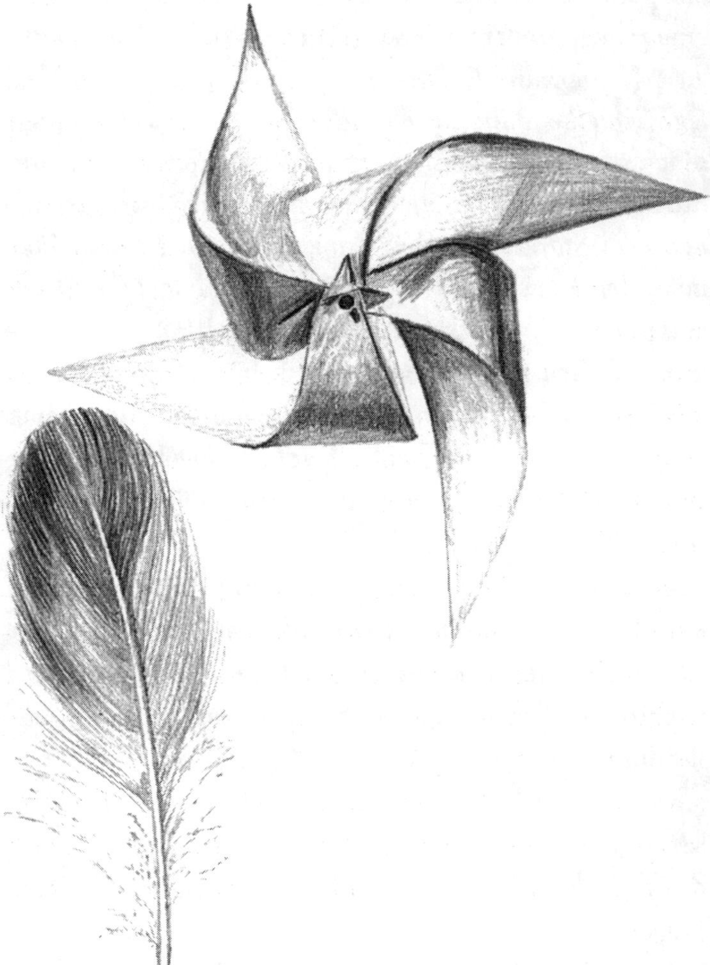

ein paar Schritte zu machen. Nach und nach legte ich eine immer größere Strecke zurück, bis ich zuletzt zwanzig Minuten am Tag gehen konnte. Binnen dieser Zeit legte ich eine Meile zurück. Während des Gehens befolgte ich Ihre Ratschläge. Ich atmete tief durch und zitierte die Stellen aus der Heiligen Schrift, die sich auf Gesundheit und Stärke beziehen. Laut redete ich zu den Bäumen, den Vögeln und zum Himmel und sagte, daß ich einst unbändige Kraft besessen hatte. Binnen Monatsfrist habe ich 4,5 kg zugenommen, und ich kam immer mehr zu Kräften. Schon bald hatte ich in der Brust keine Schmerzen und auch keine Atemnot mehr. Ich konnte wieder normal der Arbeit nachgehen, ohne mich zu erschöpfen.

Es wurde mir bewußt, daß ich wirklich Fortschritte machte, sobald ich bereit war, über meine Gesundheit positiv zu reden und mich gesund statt krank zu sehen. Danke, Dr. Peale, daß Sie mir Hinweise für gute Gesundheit gegeben haben. Sie sind zweifellos bewährt.

Mit freundlichen Grüßen
Kathleen D. Wright

Diese Grundsätze gelten wirklich, zumal ich in vielen

Fällen erlebt habe, daß während eines Heilungsprozesses Begeisterung zu verbessertem Wohlbefinden geführt hat. Wie ich es in diesem Buch dargelegt habe, kommt die medizinische Wissenschaft zur selben Erkenntnis. Gemäß einem Bericht in der Zeitschrift *Newsweek* vom 7. November 1988 »wirken sich positive Gemütsverfassungen offensichtlich günstig auf die Gesundheit und auf ein langes Leben aus«. Eine Untersuchung, die von Sandra Levy, Psychologin am Krebsinstitut von Pittsburgh, dieses Jahr geleitet wurde, ergab, daß der Faktor namens Freude, der mit geistiger Beweglichkeit und Kraft gleichzusetzen ist, der zweitwichtigste Indikator für längere Überlebenszeit von Patientinnengruppen mit Brustkrebs ist. (Der bedeutendste Indikator war die Dauer der krankheitsfreien Phasen.)

»Die ganze Forschung im Bereich der Beziehung zwischen Geist und Körper wurde während eines Jahrzehnts intensiv untersucht. Martin Seligman, Psychologe an der Universität von Pennsylvania, bezeichnet die derzeitige Epoche als ›goldenes Zeitalter‹, in dem die während langer Zeit angezweifelte Wechselbeziehung zwischen Geist und Körper wissenschaftlich erhärtet wurde.«

Die »geistige Beweglichkeit und Kraft«, die ich vorhin beschrieben habe, ist in der Begeisterung begründet. Es ist eine Befähigung, die meiner Ansicht nach im Geschäftsleben nach wie vor hoch einzuschätzen ist. Ein Manager, mit dem ich einst essen ging, äußerte sich zu meinem Buch *Was Begeisterung vermag.*

»Als Arbeitgeber neige ich dazu, die Begeisterungsfähigkeit als die höchste Qualität einzustufen, die ich von einem Mitarbeiter erwarte«, sagte er und fügte hinzu: »Wahrscheinlich kommt sie an erster Stelle.«

»Noch vor dem beruflichen Können und dem Knowhow?« wollte ich wissen.

»Ja, wirklich vor allem«, antwortete er. »Schauen Sie, ein Mensch kann durch das Studium und mit Erfahrung berufliches Können erwerben, aber entweder er ist begeistert oder eben nicht. Leider kann man sich Begeisterung nicht wie andere Fähigkeiten aneignen«, sagte er betrübt.

»Aber wenn Sie mir die Bemerkung gestatten: Hier irren Sie sich«, entgegnete ich und dachte dabei an das »Als-ob-Prinzip«. »Ich bin zutiefst davon überzeugt, daß man Begeisterung erlangen kann und daß man sie auch weitervermitteln kann.«

»Da hab' ich meine Zweifel«, sagte er und erzählte

mir im Sinne eines Beleges von einem seiner mittleren Führungskräfte, der »mir große Sorgen bereitet«. »Der besagte Mann ist gut ausgebildeter Absolvent einer hervorragenden Ingenieurschule. Er schloß mit Spitzennoten ab und ist auf seinem Gebiet wirklich bewandert, von seinen reichen Kenntnissen und seiner Erfahrung gar nicht zu sprechen.
Machen wir uns nichts vor: Im College hat er rein gar nichts über den Umgang mit Menschen gelernt; er ist ein eiskalter Kerl. Wissen Sie«, fuhr er fort und blickte nachdenklich drein, »wenn er nur *ein bißchen* Begeisterung mitbrächte, wäre er schon längst in einer Spitzenposition in unserer Firma. Mitarbeiter mit geringerer Ausbildung, aber mit mehr Begeisterung werden über diesen armen Kerl dauernd hinwegbefördert. Wenn es mir nicht um sein Wissen ginge, hätte ich ihn schon längst entlassen.«
»Machen Sie das nicht«, sagte ich. »Entfachen Sie vielmehr Begeisterung in ihm.«
Im weiteren Verlaufe des Gesprächs erfuhr ich dann, daß dieser Arbeitgeber ein regelmäßiger Kirchgänger war. Ich fragte ihn daher: »Geht Ihr Mann so wie Sie irgendwo zur Kirche?«
»Nicht daß ich wüßte«, lautete seine Antwort.

»Dann wollen wir doch versuchen, wahre Begeisterung in ihm zu entfachen. Ich weiß, daß man zur Begeisterung kommen kann – selbst als ›eiskalter Kerl‹.« Ich erzählte ihm von einem Pfarrer seiner Stadt, der rundum von Begeisterung und Lebensfreude erfüllt war. Ich wußte zufällig, daß dieser Pfarrer unter Schwäche und Mißerfolg gelitten hatte. Aber er hatte sich geistig und seelisch erholt und war überzeugt, daß jeder Mensch – auch wenn es ihm noch so schlecht ergeht – sich wieder auffangen kann. »Wie wär's, wenn wir Ihren Mitarbeiter mit diesem begeisterten Menschen zusammenführten? Oder ihn zumindest dazu bringen, sich diesen wundervollen Menschen anzuhören?«

Von meinem Vorschlag offensichtlich überrascht, dachte er zweifelnd nach. Doch dann sagte er: »O. k. Der Versuch lohnt sich.«

Somit luden er und seine Frau den Mann mit seiner Gattin eines Sonntags in ihren Country-Club ein. Doch die Einladung hatte einen Haken: Der Angestellte und seine Frau mußten die Gastgeber zunächst einmal zur Kirche begleiten.

Der Angestellte willigte ein; später erfuhr ich, was geschehen war: »Starrköpfig wie seit eh und je und mit der üblichen Teilnahmslosigkeit plumpste er in den Kirchenstuhl. Als der Pfarrer zu predigen begann, wie jeder Kirchgänger glücklicher und zufriedener werden könne, schien er nicht sonderlich beeindruckt zu sein. Aber als der Pfarrer sagte, daß auch er einst zu den Verstorbenen gehörte, stellte ich fest, daß mein Angestellter aufmerksam wurde. Das Gesicht des Pfarrers erhellte sich immer mehr, als er schilderte, wie ein Mensch begeistert und lebensfroh wie nie zuvor werden kann. ›Ich verkünde nicht Theorie, sondern handfeste Tatsachen!‹ sagte der Pfarrer mit Bestimmtheit. Er redete mit derart liebevoller Schlichtheit, daß mein Angestellter sich sichtlich beeindruckt vorbeugte.

Als wir danach im Club beim Essen waren, sagte er: ›Wissen Sie, in diesem Mann ist schon was drin. Er ist Spitze.‹«

Aber was geschah dann mit diesem Angestellten? Er und seine Frau gingen nach einer Woche und nachher jeden Sonntag wieder zur Kirche. Der Pfarrer ging auf ihn zu, und schließlich schlossen sie Freundschaft. Letztlich wurde aus einem schwachen, kraftlosen Menschen ein Mann mit beachtlichem Einfluß. Der abweisende, bestens ausgebildete Angestellte wurde zur dynamischen und durchsetzungsfähigen Führungskraft, die nebst ihrer Intelligenz jetzt auch über persönliche Ausstrahlung verfügte. Er wurde in höhere Positionen befördert und hat vielen anderen geholfen.

Nach einigen Jahren traf ich mich mit seinem früheren Vorgesetzten (o ja, eine andere Abteilung hatte sich den neu gewordenen Angestellten angelacht); wir sprachen über ihn und seine Wandlung.

»Ich hätte es nicht für möglich gehalten«, sagte sein ehemaliger Chef kopfschüttelnd. »Er ist für mich der erste, der, ohne sie anfänglich besessen zu haben, zur Begeisterung gekommen ist.«

Das konnte ich allerdings nicht gelten lassen. »*Jeder* hat zu Beginn Begeisterung. Haben Sie je ein nicht begeistertes Baby oder Kind gesehen? Wir alle werden als positive und kräftige kleine Menschenkinder geboren. Erzieher und Lehrer sagten mir aber, daß viele von ihnen im vierten oder fünften Volksschuljahr zu rund 80 Prozent zu negativen Denkern werden und ihre angeborene Begeisterung sich verflacht – manchmal für immer.«

Er nickte, und ich wußte, daß er mich begriffen hatte; denn auch er hatte Großkinder.

Großartig ist's, daß jeder Mensch begeistert werden kann. Jeder von uns hat die Kraft, zu einem freien, glücklichen, kräftigen und erfolgreichen Menschen zu werden. Aber wie? Denken Sie an die beiden griechischen Wörter *en theos*, die »in Gott« und »mit Gott« bedeuten! Lassen Sie doch Ihre natürliche, angeborene Begeisterung aufleben!

Was immer Sie tun: Leben Sie immer begeistert. Und erinnern Sie sich, was Thoreau so trefflich sagte: »Keiner ist so alt wie derjenige, der seine Begeisterung verloren hat.«

Handeln Sie, als ob Sie begeistert wären; denn so stellt sich schon bald die schöpferische Kraft der Begeisterung in Ihrem Körper, Ihrer Seele und Ihrem Geist ein, um Sie zu einem noch besseren Leben zu führen.

Somit, liebe Leserin, lieber Leser, denken Sie immer positiv, und glauben Sie voller Begeisterung.
Das macht das Leben *aus!*

Wie immer auch unsere Probleme geartet sind, es gibt eine Macht, die mit ihnen fertig wird. Es gibt nichts in

der Welt – keine Schwierigkeiten und keine noch so schwere Niederlage –, das nicht durch positives Denken und Vertrauen in Gott überwunden werden könnte. Die in diesem Buch aufgestellten Grundsätze sind einfach und wirkungsvoll. Auch Sie können des Segens und der Kraft, die uns die Verbindung mit jener höheren Macht bringt, teilhaftig werden!
Norman Vincent Peale

Biographische Notiz

Dr. Norman Vincent Peale wurde 1898 in Bowersville, Ohio (USA), als Sohn einer methodistischen Pastorenfamilie geboren. Peale wuchs in ärmlichen ländlichen Verhältnissen auf und verbrachte eine behütete und fröhliche Jugendzeit. Ab 1916 Studium der Theologie an der Ohio Wesleyan University und an der Boston University. 1922 Pastorenweihe, Prediger an der Methodistenkirche in Berkeley, Rhode Island. Studienabschluß 1924 in Boston (Master of Arts; Bachelor of Sacred Theology). 1924–1927 Pastor an Methodistenkirchen in Brooklyn und Syracuse, dazwischen Gastprediger in Los Angeles. 1930 Heirat mit Ruth Stafford in Syracuse. Seit 1932 ist Peale Pfarrer an der reformierten Marble Collegiate Church, New York, einer der ältesten Kirchen Amerikas, die er zu neuer Blüte führte.

In New York Geburt seiner drei Kinder. 1933 bis 1983 bestritt Peale wöchentlich eine eigene Radiosendung, die ihn landesweit bekannt machte. Ausgedehnte Vortragstätigkeit, der er bis kurz vor seinem Tode nachgegangen ist, führte ihn um die halbe Welt. Aus bescheidensten Anfängen entwickelte er die Zeitschrift »Guidepost«, die heute eine Millionenauflage aufweist. Sein erstes Buch, »Die Kraft positiven Denkens«, machte ihn weltberühmt. Das Manuskript wurde wiederholt abgelehnt und erst im Oktober 1952 veröffentlicht. »Die Kraft positiven Denkens« eroberte die Bestsellerliste der »New York Times« im Sturm und hielt sich über 186 Wochen lang – damals ein einsamer Rekord. Die Weltauflage seines Buches, das in zahllose Sprachen übersetzt worden ist, erreicht heute nahezu zwanzig Millionen Exemplare. Die deutschsprachige Ausgabe erschien bereits 1953 und ist in weit über einer Million Exemplaren verbreitet. Rund dreißig weitere Bücher folgten, die alle zu großen Erfolgen geworden sind.
1984 wurde Norman Vincent Peale für sein Gesamtschaffen von Präsident Reagan die amerikanische Freiheitsmedaille verliehen, die höchste Auszeichnung, die ein Amerikaner erwerben kann.

Mit seiner Frau Ruth lebte Dr. Peale in New York, predigte bis ins hohe Alter an seiner geliebten Marble Collegiate Church, unternahm Vortragsreisen und schrieb. Er lebte seinem Credo, das er Millionen von Menschen in aller Welt vermittelt hatte: seinem Glauben an das Gute im Menschen.
Norman Vincent Peale starb an Heiligabend 1993 im hohen Alter von 95 Jahren an Herzversagen. Die ganze Welt trauert um einen großen und gütigen Menschen.